跟 TED 学演讲

张笑城 著

中国华侨出版社
北京

图书在版编目（CIP）数据

跟 TED 学演讲 / 张笑城著 . -- 北京：中国华侨出版社，2022.1
　　ISBN 978-7-5113-8664-9

Ⅰ.①跟… Ⅱ.①张… Ⅲ.①演讲 – 通俗读物 Ⅳ.① H019-49

中国版本图书馆 CIP 数据核字（2021）第 231912 号

跟 TED 学演讲

著　　者：张笑城
责任编辑：张　玉
封面设计：韩　立
文字编辑：胡宝林
美术编辑：李丹丹
经　　销：新华书店
开　　本：880mm×1230mm　1/32　印张：6.5　字数：160 千字
印　　刷：北京市松源印刷有限公司
版　　次：2022 年 1 月第 1 版　　2022 年 1 月第 1 次印刷
书　　号：ISBN 978-7-5113-8664-9
定　　价：38.00 元

中国华侨出版社　北京市朝阳区西坝河东里 77 号楼底商 5 号　邮编：100028
发行部：（010）58815874　　　传　真：（010）58815857
网　址：www.oveaschin.com　　E-mail：oveaschin@sina.com

如发现印装质量问题，影响阅读，请与印刷厂联系调换。

前言

从1984年理查德·索·乌曼创立TED，到2001年克里斯·安德森接管TED，运营TED大会，TED演讲早已火遍全世界。一个视频动辄就有数千万次的播放量。TED演讲究竟有什么魔力？或者说，我们能从TED里学到哪些演讲的技巧？

思想是演讲的灵魂。TED的核心目的是分享和传播最有价值的观点，用思想的力量来改变世界。正如克里斯·安德森所说："我们从始至终都在挑选最棒的演讲者，有着最独特、最创新、最前沿的想法和技术可以传播。"这也是演讲的第一个关键。

需要一个好的开头。只有独特有创意的开头，才能在开头的30秒抓住观众的注意力，为接下来的演讲内容顺利地搭梯架桥。好的开头也有套路可循，比如用令人震撼的事实先声夺人，比如抛出个问题，让观众思考，再比如，用一张精美图片或者有趣的视频吸引注意力等。

做个会讲故事的人。每个人都非常讨厌听起来富有逻辑，却无比抽象的大道理，因为它们看起来一点都不可爱，毫无吸引力，但故事却能让耳朵上瘾。

热情的力量。没有热情，演讲就没有感染力。如何让演讲富有热情？发自肺腑的表达，使用简短的句子，引入具有激励性质的内容，和观众积极互动。相信自己的演讲一定能成功，相信观众一定会领会自己的意思，并受到鼓舞立刻行动，你就真的可以做到。

幽默的魅力。大脑总是偏爱幽默的信息，TED 演讲者能够熟练运用各种幽默技巧，调侃、自嘲、肢体语言、精心安排笑点等，让演讲变得妙趣横生，让听者开怀大笑。

生动的表达。干巴巴的表达，就像灰蒙蒙的天空，没有一丝生气，闷得人昏昏欲睡。而鲜活的表达，则如一道彩虹，划破灰色的沉闷，瞬间惊艳全场。

此外，演讲还有很多需要注意的细节。比如，幻灯片的切换、演讲时的穿搭、肢体语言的使用等。当然，演讲最要紧的是避免尴尬，比如紧张忘词。要保证全程流畅无尴尬，唯有练习，练习，再练习。

TED 的演讲没有秘密，但它因为演讲者的身份、非同寻常的经历、独特的观点，以及用心打磨出的演讲技巧，注定是一场最酷、最炫、最美妙的分享盛宴。本书结合大量的 TED 案例，详细阐述了它们受欢迎背后的逻辑，让我们对如何演讲有了更深层的认识。

目录

第一章
确定一个受欢迎的主题

花时间考虑观众想听什么 ……………… 002
确定一个值得分享的观点 ……………… 005
有趣的话题总是受欢迎的 ……………… 009
分享你擅长的和热爱的 ………………… 013
独特的个人经历值得分享 ……………… 015
专注于传播"一个"观点 ……………… 019
热点话题的选择 ………………………… 023

第二章
好的开头就像鱼饵

用令人震撼的事实开头 ………………… 026
开门见山,直奔主题 …………………… 029

抛出问题，吸引观众思考 032
在开头讲个故事引人入胜 036
戏剧性开头带来意外惊喜 039
抓人眼球的图片、视频 042

第三章
燃！让观众尖叫的热情

激情澎湃，让人热血沸腾 046
简短的语言孕育热情 050
引入具有激励性的内容 054
把握节奏的"高低""疾缓" 057
互动，把演讲推向高潮 060

第四章
故事让耳朵听了会上瘾

讲故事，TED 演讲成功的关键 066
亲身经历的故事，最具感染力 069
短小精悍的故事更精彩 072
前所未闻的新鲜事 076
多数人经历的故事，最易产生共鸣 078
温暖有爱的故事，给人希望和力量 081

第五章
设计让人掉下巴的环节

设置让人欲罢不能的悬念 086
制造让观众心跳加快的"恐怖"..................089
有时候需要反其道而行之 092
冲突,有张力才有吸引力 095
情节转折,让故事更加精彩 098

第六章
魅力无限的幽默

最亲民的幽默方式:自嘲 102
调侃别人,台上台下齐欢乐 105
幽默,会讲更要会"演" 107
讲讲生活中的小趣事 111
反语式幽默,让人忍俊不禁 114
简短铺垫,抖出包袱制造笑点 116

第七章
真实是你最大的魅力

感动别人之前先感动自己 122
真诚坦率地表达内心 125

亲身体验过才能有感而发 128

自爆弱点，迅速建立情感关系 132

不回避，说真话的魅力 135

第八章
变干巴巴为鲜活生动

细节描写，制造出立体的画面感 138

现场示范，让表达更清晰准确 141

巧用比喻，让语言色彩"靓丽" 144

对比，营造奇妙的反差感 147

夸张一点，让语言更鲜活 150

说观众听得懂的话，避免晦涩 153

第九章
每个细节都值得重视

手势的奇妙力量 158

生动的表情让语言活起来 161

幻灯片如何才能切换出视觉冲击力 165

合适的装扮为演讲加分 168

抛弃讲台，全方位展示自己 171

实物道具的魅力 174

第十章
流畅自然,全程无尴尬

扔掉演讲稿,不用提词器 178
上台就紧张,怎么克服 181
适当停顿,给观众消化的时间...................... 184
排练,排练,还是排练 188
决定成败的结束语........................ 192

第一章

确定一个受欢迎的主题

● 花时间考虑观众想听什么

心理学上有一个概念叫高自我监控,相对应的还有一个低自我监控。如果我们根据别人的想法调节自我,就是高自我监控者,如果不在意别人的看法就是低自我监控者。

无论演讲还是表达,都不是独角戏表演,而是需要听者和说者的双向互动。为了避免观众心不在焉、打瞌睡,或者干脆中途离场,演讲者自然要做一个高自我监控者,即在开口之前,先了解观众想听什么。

TED的演讲原本专注于技术(Technology)、娱乐(Entertainment)和设计(Design)三方面,发展到今天,其包含的主题已经非常多元化,涉足到了各个领域的方方面面。

根据TED演讲的播放量以及讨论的热烈度,我们可以看到受欢迎的演讲聚焦在三大主题:

关于个人成长

包括适应力商数(AQ)、高效学习、求职、自律,以及如何拥有好的睡眠,如何摆脱拖延症等,都非常受欢迎。

2019年度浏览榜上排名第一的TED演讲:睡眠科学家马特·沃克的《睡眠是你的超能力》。马特·沃克在演讲中不仅指出了睡眠不足的弊端，也向没时间睡觉的人分享了两大睡眠秘诀。

TED演讲的常客杰森·沈，在演讲《找工作吗？突出你的能力，而不是你的经验》中说："我们或许都会做我们从未做过的工作"，他建议求职者在传统简历和求职信之外展示自己的能力，而不是经验。

来自爱尔兰的莉迪亚·麦芙娃痴迷于学习外语，她自学9种语言，但她并不是语言天才。在TED演讲中，她分享了自己学习外语的方法，令人受益匪浅。

每个人内心都有一颗自我成长的种子，渴望生根发芽，长出蓬勃的美好。这种渴望不仅仅是为了适应竞争，更多的是来自内心改变和完善自己的热情。所以，关于自我提升的话题，满足了人们通过努力就能遇见更美好的自己的愿望，没有理由不受欢迎。

关于科技进步

互联网、人工智能（AI）、增强现实技术（AR）、纳米、区块链等，正在一点点渗透我们的生活，此类话题属于全球热门话题，足够引人注目。

尼克·博斯特罗姆在TED演讲《当电脑比我们聪明时，将会发生什么？》中指出，人工智能电脑将超越人脑，世界将由具有思考能力的机器所主宰。他要求我们认真思考，这些聪明的机器会帮助我们保存人性和价值观，还是会创造出它自己的价值观？

马丁·福特在 TED 演讲《未来没有工作我们如何赚钱？》中提出问题，"机器时代的到来，意味着人类将面临最终失业，那么我们该怎么办？"让人因为恐惧而想要去了解更多。

我们的生活因为科技发生了天翻地覆的变化，同时我们生活的思想与态度也深受影响。关于科技的话题承载着人们对未来生活的向往和憧憬，但也催生了新的焦虑，这大概是科技话题受欢迎的重要原因。

关于生命和爱

快乐、悲伤、性、生死，以及如何去爱，决定着我们活着的姿态，帮助我们寻找生命的意义。

前美国小姐格蕾琴·卡尔森，做了一场不同寻常的 TED 演讲——《如何才可以终结职场性骚扰》。她在其中讲述了自己遭遇的职场性骚扰经历，她的经历激励了世界各地无数的女性勇敢夺回自己的权利。

《何谓健康的爱》是 2019 年播放量排名第五的 TED 演讲，凯蒂·胡德在其中说明 5 种不健康的关系，他指出虽然爱是一种直觉和情绪，但如何用更好的方式去爱，是每个人都值得学习的课题。

关于生命和爱，是最古老、永恒的话题。人们的一生围绕着它们展开，然后在它们的牵引下去尝试和体验，从中获得生命的能量，提高生命的质量。这些话题，是探寻生命意义的入口，注定会吸引所有人的目光。

此外，备受欢迎的话题还有"科学""全球问题"等。当然，这些都是从普适性的角度来分析的，就是说这些话题的普遍关注度比较高，圈定的是一个大范围。

如果具体到演讲中，我们还要进行细分，根据观众的年龄、性别、喜好、职业特点等调整自己的话题。比如，你的演讲对象是孩子，就尽量要选择孩子喜欢的话题，比如动画人物、校园偶像、游戏等。

演讲者是信息的传播者，观众是信息的接收者。如果信息的接收者没有听的热情，对演讲者的打击是巨大的，甚至会使演讲难以进行下去。了解观众，确定适宜的话题，不仅是演讲受欢迎的保障，也是演讲能顺利进行的保障。

确定一个值得分享的观点

TED掌门人克里斯·安德森说："如果你有要说的东西，你就可以做出很赞的演讲。但如果没有一个中心思想，那你最好别说了。拒绝演讲邀请，回去工作，等到真正有了值得分享的想法再来。"

TED的宗旨是"Ideas Worth Spreading"，即"传播一切值得传播的创意"。每年的3月，TED大会在北美召开。约有1500名观众，每人花费 10000 美元买一张门票，听科学、设计、文学、音乐等领域的众多杰出人物，分享他们关于技术、社会和人文的思考与探索。

大会持续四天时间，共有 119 场 TED 演讲。这些演讲中有 90% 会在之后的一年时间里经过剪辑陆续发到网上。毫无疑问，这些经由网络在世界各地广泛传播的 TED 演讲，必定有着闪闪发光的、值得传播的思想和观点。

心灵专注专家安迪·普迪科姆在 TED 演讲中说："心灵是我们最珍贵的东西，我们通过它来体验生活中的每一个时刻，靠着它我们能够专注、有创意、自觉，在我们所做的事情中发挥自己的才能，然而我们没有花一点时间来关心它。事实上，相较而言，我们更关心自己的汽车。我们的心灵就像洗衣机一样疯狂运转……更疯狂的是每个人都认为生活就是这个样子，但生活真的不必须成为这样子。"

他建议我们每天抽出 10 分钟，毫无干扰的 10 分钟，没有电子邮件、短信，没有互联网，没有电视、聊天、食物、阅读。在这 10 分钟，什么都不去想、什么都不做，包括坐着回想过去。每天只要这样的 10 分钟放空自己，就会对人生产生很大的积极意义。

安迪·普迪科姆围绕着"放空 10 分钟"的观点进行的演讲，对于争分夺秒、疲于奔命的现代人意义非凡。如果我们能够照做，一定能远离迷茫和困惑，收获更多的安静美。

观点是演讲的灵魂。如果演讲者没有一个值得分享的观点，要么重复别人的话，要么见解肤浅，都会导致演讲失败。一个好的演讲，需要一个"值得分享"的观点的支撑。这个观点要能给人启发，引发人进行思考和改变。

一个值得分享的观点，一定要有创意。观众们都是"喜新厌旧"的，当我们一遍又一遍地讲那些老生常谈的观点，就算道理是正确的，也失去了魅力，甚至失去了启迪人心的价值。

有人问《快公司》杂志专访知名主持人查理·罗斯："一个优秀访谈的要素是什么？"罗斯回答："优秀的访谈会吸引你，引领你开始一场旅行。它的节奏鲜明，有规律地向前推进。最重要的是，它能带给你意料之外的见解，帮你重塑自己或你的事业。"与众不同才能脱颖而出，第一时间抓住人的注意力。

丹·吉尔伯特在 TED 演讲《我们为什么快乐？》中，提出"选举的输赢、伴侣的得失、考试的成败等等，对我们造成的影响，无论是时间还是长度都比想象的要少"，而且，"发生在三个月以前的重大的创伤，除了少数个别例子，对你今日的快乐几乎没有影响"。这个观点简直令人难以置信。

他还提出了观点"快乐可以人工合成，即人工合成的快乐"。与这个概念相对应的是天然的快乐，天然的快乐是得到我们渴求的东西，而人工合成的快乐则是在得不到我们渴求的东西时，自己制造出来的东西。

丹·吉尔伯特提到一个用莫奈的 6 幅画做的自由选择实

验。先让受试者把6幅画按照最喜欢的到最不喜欢的进行排列。然后，让受试者从喜欢程度相当的3号和4号中选择一幅，送给他。

过了一段时间，这个时间可长可短。受试者被要求再把6幅画进行排序，结果是，他们更喜欢把自己得到的那幅画排在前面，他们认为"我有的这张比我预想的还要好。我得不到的那张，其实不怎么样"。这就是人工合成的快乐。

类似的新颖的观点还有，在TED演讲《你存钱的能力跟你用的语言有关》中，行为经济学家陈基思得出的结论是，没有区分将来时态的语言的国家，是非常喜欢储蓄的国家，相反，区分将来时态的国家，存钱就会困难一些。储蓄的能力居然和使用的语言有关，相信这个观点让很多人难以置信，所以更容易吸引人关注。

那么，演讲中值得分享的、耐人寻味的观点来自哪里？答案是独立思考。多数时候，我们总是在人云亦云，尤其在这个知识碎片化的时代，各种观点满屏飞，思维就很容易被牵着鼻子走。媒体主张哪个观点，我们不假思索就振臂呼应，觉得大家都这样认为，肯定错不了。我们就这样一点点失去了独立思考的能力。

那么，如何才能保持独立思考，打造自己的独特观点，然后在演讲和表达时达到一鸣惊人的效果？

在《如何打造你的独特观点》这本书里，日本作家斋藤孝给出了"五天"的建议。

第一天,学习写评论。看了某部电影,某本书,甚至是吃了一顿饭,买了某个商品,都可以写评论,这可以让你有自己的态度。

第二天,掌握思维方法。评论是对物和事的直接反应,而掌握一定的思维方法后,可以让你看起来像那么回事地分析问题。

第三天,用一些行动去锻炼独立思考。比如阅读,比如锻炼沟通能力和联想力。也许冥思苦想没有结果,看了一本书后突然灵感迸发。

第四天,深化想法。深度阅读是深化思考的最高效方法。

第五天,掌握思考的节奏。提高做决断的速度,因为很多事没有那么多时间去思考。

最后,我们还要谨记独立思考的观点不一定就值得分享,还需要进行验证。反复验证后,才能在传达出来后,给人启迪,令人回味。

在演讲中,唯一真正重要的东西不是套路和技巧,而是通过独立思考得出的有价值的思想。

● 有趣的话题总是受欢迎的

演讲主题的趣味性有多重要呢?它就像是,早上向着同事送出的问候:"吃没?"或者是"参加云马拉松不?"第一种问候顶多得到一个无精打采的吃了，或者没吃的应答。而第二种，显然能让对方凑过来，兴致盎然地问：什么？云马拉松？怎么参加？

一个有趣的话题，可以迅速引起观众的注意，点燃他们内心的好奇之火。TED演讲之所以火爆，是因为它们很大一部分都拥有一个非常有趣的主题。

昆虫学家马赛·狄基在TED的演讲题目是《我们为什么不食用昆虫呢》。

他说："肉类食品的农业生产成本很高，我们饮食由很多蛋白质构成，我们吃很多的肉……我们对肉类需求会非常大……肉类的生产却会带来很多问题，尤其是健康问题，比如猪跟人有很多相似的疾病。而食用昆虫则不会出现这一点。用10公斤饲料可以得到1公斤牛肉，但可以得到9公斤蚱蜢肉，而且昆虫排泄更少的粪便，这是昆虫的第三点好处。或许大家还有个疑问，就是昆虫能否有如其他肉类一样高的营养价值，所有分析表明，昆虫的蛋白质、脂肪，还有维生素都非常丰富。它可以和我们吃的任何种类肉食相媲美，这是食用昆虫的第四点好处……"

马赛·狄基给出了4条吃昆虫的理由，他说农业用地的百分之七十都用来饲养牲畜，而且还在提高，所以不妨从食用牛肉改为食用昆虫，他指出虾、龙虾、螃蟹都像极了蚱蜢，都是美味佳肴。

马赛·狄基详细叙述了食用昆虫的好处，建议用食用昆虫去代替其他肉类。这一别出心裁的观点，一经提出就让在场的不少观众惊讶不已，进而又被他说服得频频点头。

别出心裁的奇思妙想因为超出常理，必然会让人感到奇异和荒谬。但这与众不同的观点又闪烁出理性和智慧的光芒，成为演讲的核心亮点。我们可以将有趣的话题分为三类：

第一类：冷知识。

所谓冷知识，指的是那些比较偏门的、琐碎的、庞杂的知识和事情。其最大的特点是看起来稀奇古怪，常常充斥在我们身边，却不被关注。

冷知识不仅可以帮助人们开阔视野、增长见识，还能启迪思维，引发求知欲。比如，米克·奥黑尔的著作《企鹅的脚为什么不怕冷》，综合种种新颖奇特、令人困惑的问题，并给出了精彩解答。在英国，仅仅一周，这本书就销售了13万册，连续12周雄踞英国亚马逊网上书店畅销书排行榜总榜第一名。

在TED演讲中也不乏类似的冷门话题，比如卡琳·鲍得在《野生动物交配千奇百怪》中，向我们讲述了神秘的动物性生活。比如，罗斯·乔治的演讲主题是：说真的，让我们聊聊内急这件事。再比如，玛丽·罗切在《性高潮不可不知的十点》中，罗列出十项稀奇古怪、滑稽搞笑，又令人拍案叫绝的性高潮结论，该演讲一直盘踞在视频排行榜前列。

第二类：违背常理。

违背常理的话题，因为打破了人们的思维认知，使听到的人的第一反应会是：嗯，怎么可能？难道不是我想的那样……成功激发对方听下去的欲望。

在 TED 演讲《为什么你应该去做一些无用的事》中，西蒙妮·吉尔茨分享了她开始对搭建机器人感兴趣的事。

由于她开始并不擅长，而且搭建需要硬件的东西，失败概率非常高。于是，她做了一个能保证 100% 成功率的设定。那就是："我要制作一个肯定失败的机器。虽然我在当时没有意识到，但制作一无是处的东西其实还是个聪明的点子。由于我对硬件已经深入学习，所以人生中第一次，没有了自我表现方面的焦虑。并且当我放下了对自己的期待后，压力就被热情所取代，我就可以只是瞎玩了。"

西蒙妮·吉尔茨制造的都是无用机器，比如"牙刷头盔"等，看起来像是在用工程学做简单的恶搞。但是她由此意识到了更重要的事，用这种方式制造机器，不会受到表现焦虑症的干扰。而且，她对此充满了热情，并把热情分享给了大家，这难道不算是有用吗？

在 TED 演讲中，类似的还有《别不信，你只需 20 个小时，就能学会任何事情！》。在我们的认知里保存的一直是那个"10000 小时定律"，即要掌握一门技能，需要练习 10000 小时。而演讲者乔希·考夫曼告诉我们，只需要遵循四个原则，我们就能从完全不会到掌握得不错，而这个过程只需要 20 个小时。还有《如何成功，请多睡一会儿》也是大受欢迎的 TED 演讲。

在谈话中，选择一个有趣的话题，才能吸引对方和你聊下去。同样，在演讲中，一个有趣的话题能很好地抓住观众的注意力，激发他们听的欲望。

💬 分享你擅长的和热爱的

如果你毫不擅长，也不热爱，那么可想而知，你的演讲大概会磕磕巴巴，尴尬万分。唯有你热爱的，擅长的，才能侃侃而谈。而且当演讲者讲述他所热爱的行业或者事情时，才会流露出一种非常打动人心的热情，让演讲变得极具生命力。

凯伦·巴斯是一个电影制作人，她走上TED的舞台，讲道："我是个幸运儿，我有幸见到这个地球上的很多美景，还有生活中很多其他的人和物。"

凯伦·巴斯7岁时，和父母一起来到了撒哈拉大沙漠，奇妙的际遇激发了她的探索欲。如今，她已经走遍了世界的各个角落，寻觅最美的景色。更让她高兴、让她坚持不懈的原因是她跟世界各地数以百万计的人们分享这一切，她说："一想到这些，就充满能量。"

她分享了在阿拉斯加拍摄到的灰熊不为人知的一面："灰熊在那里，在又高又陡的山坡上建造熊窝。"她在屏幕上播放了当时的航拍纪录片，令人惊叹的美。

凯伦·巴斯因为热爱大自然，所以几乎走遍了全球，拍摄下美丽的画面，然后很高兴地把这些分享给大家。

人们有一种专业的倾向性，是一种下意识的心理，就像听巴菲特谈股票、听马云谈电子商务、听霍金讲宇宙，就会下意识地频频点头："说得好，有道理。"你也可以想象一下霍金讲股票是一种什么样的情景，这样就很好理解为什么 TED 的演讲者会这样开头："我是一名厨师，在我 20 年的职业生涯里，发现这样一个现象……"不要小看这个平淡无奇的开头，实际上是在宣称一种可信赖的权威：嘿，我干这行 20 年了，没有人比我更了解了。

擅长和热爱虽然有不同，但常常相关联。"热爱"是一个人对某件事情产生持续的兴趣的动力，一般来说对某件事情很热爱的人，就会将这件事情做得很棒，这也是在传达可信赖的信号。不仅如此，他们也更容易感受到心流状态，也更容易快乐，从而将这份感觉传递出去。

瑞秋·苏斯曼在 TED 分享了世界上现存最古老的生物的一些图片，她说："你们现在看到的这棵树叫作绳纹杉，生活在日本偏僻的矢久岛，这棵树是我做这个项目的催化剂，那时我在日本旅行，除了拍些照片无事可做，当我听说这棵树已经有 2180 年的历史时，我知道我必须要去看看。

"我很惊讶地发现居然没有人做全球物种寿命的研究，你们现在看到的是地图地衣，生活在格陵兰岛，已经有 3000 岁了，我真的为了这些地衣跑去了格陵兰岛。一次我乘船前往一个偏僻的峡谷，发现本应该在那里见面的几个考古学家根本不在那里，没办法给他们发短信或者电子邮件，我只好依靠着自己的装备行进，最后我成功了……河里有好多鱼，你把手伸进去，就能够徒手抓到一条一英尺长的鳟鱼。那经历就像探访地球上一个很原始的时期。"

瑞秋·苏斯曼热爱寻找地球上长寿生物这件事，她的热情不仅能打动 TED 的组织者，也能够打动场下的观众。

如果你即将做一次演讲，那么就请从自己最擅长的领域出发，不一定是自己擅长的职业，也可从生活里发掘，比如做的菜很好吃、养的花非常茂盛，等等，都可以成为很好的题材。这除了前面介绍过的让人信赖以外，还可以最大可能地避免露怯，至少你在擅长的领域还是懂一些东西的。

如果你擅长的又恰好是你热爱的，那么请你在第一时间告诉观众，你热爱它，想要分享它。不要忽视因此带来的感染力，看着你闪闪发亮的眼神，带着喜悦和幸福的语调，观众也会不自觉地被你带到那充满激情的状态中。

● 独特的个人经历值得分享

每个人身体内都潜藏有窥私欲，比如面对别人带锁的密码本你有没有想看的冲动？比如，你是不是特别想知道伴侣和前任的故事？再比如，同事领导的八卦，你是不是总忍不住想要打探？你是不是特别关心明星的恋爱、分手、和好等私生活？即便不是什么不能告人的秘密，在好奇心的驱使下，也想要一探究竟。

在心理学上，偷窥属于行为心理学范畴，是一种本能的心理，是人性的一部分。那么在演讲的时候，我们也可以选择比较个人化的主题，以满足人们的这种心理。

当然，这不是让我们去分享内心不想要分享的秘密，而是可以选择我们认为有价值的个人经历。

贝基·布兰顿在《我"无家可归"的一年！》中，讲述了自己独特的流浪经历。

贝基·布兰顿是一个作家，一个新闻记者，因为父亲的去世，她决定去旅行。她说："当时做这个决定，是因为有很多我想去感知和处理的事。"

她带上一只猫和一只狗，决定在自己的旅行车里住一年，但没有意识到发生了严重的事。一个是因为失去父亲的悲痛，使得自由作家的工作结束了。另一个是炎热夏季的到来，让她和猫、狗无处躲藏。

她说："我没钱找公寓，或者找不到可以让我养狗和猫的地方。我不想把它们抛弃，所以我继续待在旅行车里，但炎热的天气使我饱受折磨以至于在夜里走50英尺（15米）到车外面的公共卫生间都懒得动，我用桶和垃圾袋当厕所。"

当冬天来临的时候，她除了要承受寒冷，还遇到一堆问题，比如和警察捉迷藏。她说她已经无力掌控自己的生活了,她难以置信自己这么快就从一个作家、记者沦落为一个无家可归的流浪女人。

虽然别人不认为自己是无家可归的人,但她自己越来越沮丧,甚至被诊断出有自杀倾向。后来,她又开始写作,重新成为了新闻记者。

她说:"根据我过去的经历,人不是由他们所住的地方、睡的地方,或者他们在任何一个时间的生活状态所决定的。三年前,我住在一个停在沃尔玛的停车场的汽车里。而今天我却在TED演讲。"

TED的演讲者中有很多普通人,他们没有高深的学问或者功成名就的事业,但是他们活得与众不同,他们在平凡的生活里追求很多新鲜的东西,TED大会的组织者找到他们,然后让他们分享这些独特的经历。

艾迪·卡塔亚分享了他的一次岩洞经历,他说:"你们之中有多少人去过岩洞?当然,只有少数人。说起岩洞,很多人都会想到一个隧道,周围都是岩石,实际上大部分岩洞确实如此。但是我今天跟你们分享的岩洞完全由冰组成,是冰川冰。"

艾迪介绍了附近的一个岩洞:"这个洞很神奇,洞顶的冰发着蓝色和绿色的光。这个洞比之前的洞要冷得多,直到走到洞的末尾才发现答案。那里有一个大坑叫冰川锅穴,深130英尺直到冰川表面,山顶的冷空气吹进来,让里面的东西都结了冰……同伴把这个洞叫作'纯洁幻境',非常漂亮,远远超过了我们的想象。"艾迪还介绍了一些冰川中的奇特生物。

艾迪·卡塔亚分享的一次岩洞经历,对于很多生活在大城市里的人来说,是非常新奇的。艾迪不需要什么奇特的观点或者思想,也不需要与众不同的演讲技巧,只需要将这一次的岩洞经历叙述出来,演讲效果就会非常好。

事实上,听演讲很大程度上是观众在听演讲者讲故事,很多演讲者都是因为有着奇特的经历而被选中的,在TED的舞台分享太寻常的东西是行不通的,这里的观众来自世界各地,他们想要听的是自己不曾遇见过的,所以"奇特"就成了很多演讲者的重要"武器"。

塔妮亚·卢娜在TED的演讲只有5分钟,她讲述了自己从切尔诺贝利附近"逃亡"到美国的经历。

塔妮亚·卢娜1岁时,发生了切尔诺贝利核泄漏事故,她在医院待了9个月。因为这场灾难,6岁时,得到美国政府的庇护,她离开家乡来到美国。

她描述自己看到的美国,"这个地方充满了稀奇珍宝,比如香蕉、巧克力以及火箭牌泡泡糖"。她把收容所当成宾馆,她在地板上发现了1美分硬币,她说:"我把这1美分牢牢攥在手里,它又黏又生锈,但是让我觉得,我握住了财宝。我决定用它来买一片火箭牌泡泡糖,在那一瞬间,我觉得自己是百万富翁。一年之后我再次体验到了这种感觉,那是我发现了一个装满毛绒玩具的袋子被丢在垃圾站,突然之间我有那么多玩具,比我从小到大玩的都多。"

塔妮亚·卢娜讲的故事很简单,却很感人,这种经历可不是常有的,这就是 TED 大会要的效果。

可能有人会问:我没有像他们一样曲折离奇的故事怎么办?其实,你要学会发现生活里的与众不同,每个人都有自己的生活,看上去大家都是一样:上班、吃饭、睡觉……其实都是不一样的,你要做的是找出自己生活里的奇特之处。

比如,你可以讲自己的一次旅行,或者是一个奇特的梦也行,重点不在于故事是否真正的奇特,而是能不能够打动人心。塔妮亚其实是想通过故事告诉人们要知足常乐,你也可以做到这一点,要善于挖掘自己过往经历中的与众不同,也要学会让自己的生活丰富多彩,这样就不会变得无话可讲。

● 专注于传播"一个"观点

演讲者常犯的一个最大的错误就是试图通过一次演讲传达一生所学。庞杂的信息加上数个观点,不用 10 分钟就能成功让观众一脸迷茫、左顾右盼或昏昏欲睡。

TED 的掌门人和演讲教练克里斯·安德森,在目睹了无数优秀演讲者的表现后,给出的第一个建议就是:聚焦于一个思想。

他说:"不要想在 18 分钟内讲完所有故事,只要挑一个最值得讲的。"即便是一个有传奇经历的人,有很多值得分享的,也要好好斟酌讲哪些、舍弃哪些。

安德森说:"我们在筹备前期给讲者的反馈大多是建议他们不要太冲动,不要一心想把所有东西都纳入一个短短的演讲,相反应当深入下去把内容细节化。不要告诉我们,你研究的整个领域,要给我们分享你独一无二的贡献成果。"

让我们看看 2019 年,在 TED 官方榜单上,最受欢迎的演讲视频题目:《应对气候变化迫在眉睫》《学习一门新语言的秘密》《我们不背弃痛苦前进,而是带着痛苦前进》《拥有幸福婚姻,避免离婚的三个方法》《如何建立自信并影响他人》……

这些演讲都只抓了一个点,而不是讲应对气候变化的时候,还要讲哪个星球更适合人类生存,或者讲保护环境的意义,即便它们都属于同一个大主题。这样做除了因为时间限制,更重要的是专注于一个观点可以讲得更有深度。当你不用再琢磨着挖另一口井,自然会专注把手里的这口井挖得更深。

在 TED 演讲《拥有幸福婚姻,避免离婚的三个方法》中,心理学家乔治·布莱尔·韦斯特说:在世界上的一些地区,离婚率已经达到 45%。而在人类痛苦经历的等级量表上,离婚排名第二,排名第一的是配偶的去世。他认为吸引和建立关系的方式是可以改变的,预防永远比治疗更重要。

然后,他并没有罗列一堆预防离婚的方法,而是只给出了三个建议,并各自进行了深入的解析。

比如他说的第一个建议先"变老"再结婚,本身很好理解,就是推迟结婚的年龄,原来20岁结婚,现在30岁结婚。表面上看,也很容易让人想到,是嘛,30岁结婚的人肯定不容易离婚,年龄大了折腾不起。

其实,不是这样。乔治·布莱尔·韦斯特给出的理由是,晚婚有助于避免离婚的另外两个因素——高等教育和高收入发挥作用。另外,人的大脑在25岁以前都是在发育的。对于早早结婚又离婚的人来说,离婚是因为"我们都变了"。最重要的是人格,20岁时的人格和50岁时的人格没什么关系,而30岁时的人格和50岁时的人格差别不大。

如果没有这些分析,我们显然也能接受这个结论,但有了这些深度解析,很明显有助于我们更透彻地了解为何晚婚可以避免离婚。

他给出的另外两个建议是夫妻要"共享权力"和"可靠",同样也给出了解析,让人听了豁然开朗。

专注于一个观点的另外一个好处是,能让你更准确地组合你的材料。有时候,尽管你有一个很棒的案例,却不能直接支撑你的信息,那无论你多么想用它,都应该放弃,这就是"宁可深,不可广"的原则。

如何做到不跑题,说起来容易,做起来则很难。比如,有的演讲者在演讲即将结束时意犹未尽,希望观众能了解更多,于是就在结尾处又添加了一点"题外话"。这样很可能会让一次精彩的演讲付之东流——观众的思绪被打乱，注意力集中在结尾而忘记了更重要的演讲中部。

演讲不是讲相声，也不是在跟人闲聊，不能想到哪说哪，必须永远围绕一个观点死磕。要做到这一点，除了删减不能服务主题的素材外，还可以通过列提纲的方式，保证把思维控制在一个框架内，避免自己一不小心就"超纲"。

同时，提纲也可以避免自己在讲的时候，因为紧张而在一句话上颠来倒去，不能深度表达。

当然，即便是列提纲也要注意在一个观点上，纵深拓展内容，而不是横向拓展。比如"吸烟上瘾的表现、原因，以及应对方案"这样的大纲就比较严谨。而"吸烟的危害、名人戒烟、戒烟失败的原因"就有点乱。

严谨的逻辑结构，也可以令听者更容易接受和理解。不仅仅是演讲者的精力和时间有限，观众的思维和精力也是有限的。就像真正的旅游绝不是走马观花，一天打卡五六个景点，除了门口一张照片什么都没有留下。真正的演讲也不是听你在半个小时里，从国际局势讲到环境污染再扯到人工智能。而是领着观众在一个"景点"细细感悟，去触碰文化、感受人文风情，了解历史背后的故事，从而给观众带来生活在别处的深刻体验。

热点话题的选择

所谓热门话题，是指在一定时间、一定范围内，公众最为关心的话题。

某个人、某件事、某个观点之所以备受关注成为热点，一定是触碰到了人们内心最柔软的地方。比如四川藏族小伙丁真的意外走红，是他纯真的微笑打动了大家，进而引发了一系列话题。或者和人们的生活息息相关，比如楼市、教育、科技，这些都是永不过时的话题。

任何时候都不缺热点，话题不只限于对事件的描述，加上各种意见才是一个充实的话题。比如，"2020年以后，房价还会继续跌吗？""未来什么样的房子最扛跌？"一些热点话题之所以能保持持续的热点，还因为大家对同一个问题有不同的看法，因为争议的存在，话题变得更加火爆。尤其是那些独特的见解，更容易受人关注。

英国"脱欧"是2019年的一个时政热点，记者卡罗尔·卡德瓦拉德在2019年度的TED演讲大会上，探讨了英国脱欧公投事件，她说，"一些网站投放的误导性广告，影响了众多摇摆选民的选项"，"整个公投发生在黑暗中，发生在网站上"，结果导致了"100年来英国发生的最严重的选举舞弊"。

同时，她还指出硅谷的众神们："马克·扎克伯格、拉里·佩奇、谢尔盖·布林……还有你们的员工和投资者，都站在了历史错误的一边。"她发出控诉："自由和公平的选举难道已经成为过去？"

基于脱欧热点话题的 TED 演讲并非只有这一个，社会科学家亚历山大·贝茨先生作为一个地道的英国人，对于本国突如其来的脱欧事件也倍感震惊。于是，他在 TED 进行了主题为《英国脱欧后怎么办》的演讲。他运用自己的专业知识分析了英国脱欧的深层次原因，重点给出该如何应对的建议。比如，要认识到全球化带来的好处，其次，必须进行思想和物质上的双重改革。

热点话题的选择并非随便抓一个热点来讨论，弄不好会适得其反。理性的选择和使用，才能达到预期效果，以下两个方面可供参考。

哪里才能找到热点

一般像在互联网上，凡是人群集中的地方就会有大数据指数；在搜索集中的百度上，很容易找到百度风云榜和百度指数；在微媒体集中的微博上，有微博指数等。另外，像 UC 云观推出了"热词搜索"功能，知乎也推出了"知乎指数"等。这些都是能让我们更快掌握最新时讯热点的地方，可以帮助我们为设置演讲主题，或者作为材料服务演讲主题，提前做好准备。

而微信指数的横空出世，基本上能够使我们对关键词搜索热度趋势进行判断，从而更好地抓住热点话题。

第二章

好的开头就像鱼饵

● 用令人震撼的事实开头

如果你想第一时间牢牢抓住观众,并真正打动他们,可以用最震撼人心的事实开场。

著名的营养学家、厨师杰米·奥利佛,在 TED 演讲开头这样说:"令人遗憾的是,在接下来我演讲的 18 分钟内,将有 4 个美国人因为他们食用的食物而离开人间。我,杰米·奥利佛,来自英格兰。在过去的 7 年中,我夜以继日地工作,只为能用自己的方式拯救更多的生命。我不是医生,我是个厨师,没有昂贵的仪器和药物。我能运用的是知识和曾经接受过的训练。我坚信食物在日常生活中处于最主要的位置,甚至是我们生活中最美的幸福来源。"

每 18 分钟就有 4 个美国人,因为食物离世!奥利佛通过这个事实让观众震撼于食物和死亡如此接近,他们迫不及待想要知道,为什么会发生这样的事?如何避免这样的事发生?或者让他们心存疑虑,试图认真听下去以找出他的谬误。

令人震撼的事实通常具有两个特点,第一,这件事稀松平常,平时并不为我们所关注。比如,常见的食物、疾病,常使用的物品等。第二,常见的现象背后隐藏着可怕的事实,足以颠覆我们认知的事实。比如,我们经常听说的流感,每年就有不少人因为它而失去生命。再比如,我们外出就餐用的一次性筷子,全球每年要消耗掉500亿双左右,需要的木材大概是150多万立方米,将近100万亩。

这些人们司空见惯的事物,一旦露出真实残酷的面目,在令人难以置信的同时,就达到了震撼人心的效果。当然,也有可能是这个问题,我们从来就没有关注过。比如,据统计,全世界每天有75个物种灭绝,每小时有3个物种灭绝。一旦它们消失,我们就再也寻不到它们的踪迹。或者是,"最珍贵"的一种动物"白犀牛",全球仅剩一只,有专门的护送卫队及保安守护!

当观众因为这些不曾注意的事实而被打动,他们自然会屏住呼吸,怀着和你一样悲悯或者痛惜的心情跟随你。你要做的只是带着他们,走进事实,帮他们了解真相背后的原因,或者更为震撼的事实。

在2014年TED大会上,扎克·易卜拉辛带来了一个难以置信的故事。最初,他计划这样开场:1983年,我出生在宾夕法尼亚州匹兹堡市,我的母亲是美国人,父亲是意大利人,他们努力给我一个快乐的童年。直到我7岁那年,我们家开始发生了一些改变……

这个开头听起来没有问题,但很明显吸引不到观众的注意力。经过修改,他把开头改成了这样:1990年11月5日,一个名叫埃尔·赛义德·诺塞尔的男子走进曼哈顿一家旅馆,刺杀了犹太人防卫联盟的领袖拉比·梅厄·卡亨。但诺塞尔没有被指认参与谋杀，后来他因一件小事入狱服刑。期间，他和一些人着手计划袭击纽约市的一些地标建筑，包括隧道、犹太会堂和联合国总部。令人庆幸的是，计划被美国联邦调查局的线人制止了。但不幸的是，1993年发生了那场世贸中心爆炸案。诺塞尔最终被指控参与了这场犯罪谋划。埃尔·赛义德·诺塞尔就是我的父亲。

这个开头，让全场观众为之震惊。在网络上，他的演讲很快创下200万次的点击纪录。

同样的例子还有，美国前总统罗斯福曾做过一段演讲，题目为《一个遗臭万年的日子》："日军昨天对夏威夷岛发动了进攻，很多美国人丧失了生命。昨天，日本政府已发动了对马来西亚的进攻。昨夜，日本军队进攻了香港；昨夜，日本军队进攻了菲律宾群岛；昨夜，日本人进攻了威克岛；今晨，日本人进攻了中途岛……"罗斯福很聪明地列出这么多日军侵略的消息，他不用多说一次，国会里的很多人就已经义愤填膺，投了向日军开战的赞成票。

事实总是胜于雄辩，为什么？因为这样的表达更为直观。比如，公司业绩下滑，与其斥责，不如摆出各个部门的最近几个月的具体数据，包括利润的降低、人员的流失率，等等。最好能和之前的成绩做对比，再辅以继续下去每个人都可能要面临的损失。这些白纸黑字的事实，会无形中让每个人产生压力和危机感。

要注意的是，摆出来的事实一定要和人们有利益相关点，比如食物关系到人们的健康，垃圾关系到人们生存的环境。另外要保证这个数据在真实可靠的基础上，一定要足够震撼，否则效果会大打折扣。

● 开门见山，直奔主题

演讲开始，最好像跳水一样直奔主题，而不是用你的脚趾小心翼翼地去试探水有多深。大家都很忙，没人有时间听你七绕八绕，一如隔靴搔痒。不如用最高纯度的语言在开头就把主题爆出来，吸引观众去听后面详细的解读。

18分钟的TED演讲也不允许你做精心"铺垫"再引出主题，直白点反而更容易让观众接受。

在TED演讲《说出感谢》中，劳拉·特莱斯博士登台的第一句话就是："嗨。我在这里要和大家谈谈，向别人表达赞美、钦佩和谢意的重要性，并使它们听来真诚，具体。"

在TED演讲《我们为什么要工作》中，演讲者巴里·施瓦茨开口说的就是："今天我谈论的是工作，我要提出并解答的问题是，我们为什么要工作。"

崔斯特瑞姆·斯图尔特在TED上开口便讲："这项揭露全球粮食浪费丑闻的任务，从我15岁就开始了。"这一句话就让所有观众很明了他演讲的主题：关于粮食浪费。

如果按照一般的作文顺序：从某件事说起、故事给了我这样的启发、我的观点是……先不说演讲时长不够的问题，观众也一定会先睡着的，除非你是那种故事性演讲。试着调过来就会简洁明快许多：我的观点是、我为什么有这样的观点，仅需两步即可。

演讲不是说相声，说相声需要铺垫、叙述，最后抖包袱，演讲是一种即时性很强的活动，也就是说你站在台上的目的是十分明确的：把你要表达的东西表达出来。观众们看你一步一步走上演讲台，也是想听你到底要表达什么。

最棒的演讲者会非常快速地介绍主题，解释他们自己为什么会对这个话题感兴趣，这是一种迅速拉近与观众距离的方式，也是一种精彩的演讲开头。这并不需要设置多么精巧的结构，就表现出非常好的效果。

开门见山是用简洁凝练的方式，不转弯抹角，不过多渲染铺垫，直截了当，将观众的思绪集结到演讲的中心议题上，观众会顺着你的主题思考，对理解你接下来的演讲更有帮助。

著名哲学家黑格尔在演讲《美学》中这样开头："女士们，先生们，这次演讲是讨论美学的，它的对象就是广大的美的领域，说得更精确一点，它的范围就是艺术，或者毋宁说得更精确一点，就是美的艺术。"

在使用开门见山这种方式时，最简单、最直接的开头是这样的:"今天,我想讲的是关于……"这是一种虽然常见却很有效的开头方式,可以使观众一目了然地把握住演讲的要领,从而紧紧抓住观众的注意力,使其聚精会神地围绕演讲者的思路"运转"。

并不是所有的开头都适合这种方式,因为你还要考虑到演讲要足够吸引人,如果你演讲的题目是很普通的,那么这样的开头是很让人提不起兴趣的。不妨在你的演讲里找到很新奇的观点放在前面,比如将要演讲关于"不抱怨",可以这样说:"我要讲一下如何'打不还手、骂不还口'。"这样就会好很多。

也不一定要在开头讲出演讲题目,还可以讲出自己的心情或者做这次演讲的目的,如1987年,美国"挑战者号"航天飞机升空后爆炸,时任美国总统里根在悼念会上这样说道:"今天,我们聚集在一起,哀悼我们所失去的7位勇敢的公民,共同分担内心的悲痛。"

还可以在开门见山的同时加点悬念,如鲁迅先生曾在大学演讲,他是这样说的:"今天我的讲题是《少读中国书,做好事之徒》,我来本校是搞国学研究的,论理应当劝大家埋首古籍……它使我想到:与其多读中国书不如少读中国书好。"鲁迅教文学史却让人少读中国书,不得不让人对这个演讲充满了好奇。这是一种制造悬念式的开门见山,提出一个颇具吸引力的问题或者话题,然后再对此进行解读。虽然直接点出主题,但也可以做一点"花样",进一步提升演讲的吸引力。

抛出问题，吸引观众思考

很多 TED 演讲者都会采用问题式开头，即在开头提出一个非常具有价值的问题，引发观众的持续关注。

雷德莱纳在 TED 演讲时，开场即说道："我们现在面临一个大问题，这个问题持续很多年：我们是否处于遭受核袭击的危险之中呢？"

雷德莱纳继续说道："现在，有一个更大的问题，这个问题比刚刚提到的问题更重要，那就是我们能不能永久地消除核袭击的可能性。"

"我想给大家举一个例子，从核武器被发明以来的这些年间，直到此时此刻，我们一直处于一个危险的核世界中。"雷德莱纳讲述了核武器发展的简要历程，并着重告诉大家世界上有上万枚核弹头，雷德莱纳还讲述了冷战时期核战争几乎一触即发，等等。

雷德莱纳先抛出这个由来已久的问题，这个问题因为似乎离我们"太远"而被长期忽视，但经过雷德莱纳的"提醒"，观众们开始重视起来，重新审视这个其实就在我们"身边"的问题。

可以想象出这样的画面：演讲一开始，演讲者先抛出一个有震撼力的问题，观众立马抬头看向讲台，不再盯着手机刷新闻或者朋友圈。问题式开头的好处不仅仅是吸引观众的注意力，而且还能把观众带入思考模式，让观众从被动听讲变为主动思考。当观众愿意配合并积极思考演讲者提出的问题时,更容易增加他们对演讲内容认识的深度和广度。

另外,单纯的"讲"是单向表达,如果观众开始思考演讲者提出的问题,那么单向表达就变成了双向沟通。演讲变沟通,观众从被动吸收变主动参与,有了热情,这演讲的氛围就被调动起来了。

比如,2017年,罗振宇在跨年演讲《时间的朋友》中,在开头就问道:"2017年哪一天哪个时刻,你认为很重要?"

问题一经抛出,现场10000名观众,以及无数手机前和电视机前正在听演讲的观众,都开始回顾和反思过去的这一年,自己都经历了哪些值得纪念的时刻。

需要注意的是,提问式开头所提的问题一定要发人深省,或者能够引起广泛共鸣。如果问题没有一点影响力,就少有人关心,不会达到预期的效果。

除了问题本身,演讲者还需要在提问的时候注意其他一些问题。

1. 避免问太多

如果演讲者一口气抛出了一堆问题,而且这些问题互相并无联系,就会让观众找不到思考的头绪,根本不知道应该回答哪个才好,干脆不回答算了。

2. 避免问和主题无关的

这个是提问式开场白最基本的要求。有的演讲者为了调动演讲气氛，会抛出一些有趣的问题，但如果这些问题和主题毫无关联，就会让观众感觉莫名其妙，不知道演讲者唱的是哪一出。不管问题如何变化，始终都不能脱离演讲主题。

3. 避免问太难

如果演讲者给出的问题太难，全场观众都陷入了深深的思考，没有人有勇气去回答，那场面就尴尬了。如果是专业类问题，演讲者一定要做到深入浅出，让观众觉得通俗易懂，因为只有这样，观众才愿意回答并且积极参与。

如果无法规避难题，为了避免难堪，可以选择自问自答。比如让观众思考十几秒钟后，不等回答，就给出问题的标准答案。李敖曾在北大的演讲中这样自问自答："各位终于看到我了，主任，校长，总裁，各位贵宾，各位老师，各位小朋友！来演讲紧张不紧张？紧张，站在大庭广众面前，很多原本可以指挥千军万马的人，可是你让他讲几句话，他就完了，不敢讲话，什么原因？胆小。美国打赢南北战争的将军格兰特，能够指挥千军万马打胜仗，林肯总统请他上台给他颁发勋章，请他讲几句话，他讲不出口，为什么？怕这玩意，一演讲就紧张。"

4. 避免问得太浅

要避免问题太难，无人能回答，同时也要避免问题太容易。看起来是给幼儿园小朋友提的问题，会让大家都不屑回答，因为他们会觉得回答了就等于拉低自己的智商。最理想的结果是，少部分观众有能力回答。

5. 避免问得太生硬

如果演讲者提出的问题太敏感，或者棘手，那么观众自然不情愿去回答这类不友好的问题。演讲者可以加入一些感谢语、谦词、客套话等，避开敏感问题的锋芒，让观众觉得舒服一些。

6. 避免问得太强势

一些演讲者为了体现自己的权威，会用咄咄逼人的语气向观众提问，这种盛气凌人的提问方式，会让观众很不舒服。同时，那种"老师提问"的口吻，如"你们来想一想……"也会无益于制造平等的交流。在提问时，应尽量保持语调温和，就好像跟老朋友聊天一样轻松自然，避免给观众压力。

7. 避免问自己不擅长的

问题是为了引出自己演讲的主题，所以这个问题一定是自己擅长的，甚至是精通的。否则，如果连演讲者自己都不能给出确定合理的答案，那无异于搬起石头砸自己的脚。

另外，无论如何，演讲者在提出问题后，一定要鼓励观众踊跃回答问题。如果观众回答正确，或者和演讲者内心的答案非常接近，演讲者可以提议给回答者掌声，以便有更多的观众能参与互动。

演讲者如果能从演讲的主题里寻找一个切入点，在开头将问题抛出来引起观众思考，那么演讲就成功了一半。

在开头讲个故事引人入胜

以故事开头,能在第一时间抓住观众的注意力,为接下去的演讲打好一个基础。很多 TED 演讲者都会在开头讲一个小故事,来增强感染力。

中国著名节目主持人杨澜在苏格兰的一场 TED 大会上,做了题为《中国新一代》的演讲,她就是这样用故事开场的。

她讲述了自己在来苏格兰做 TED 讲演的前一天,被邀请去上海做《中国达人秀》决赛的评委。在容纳 8 万名现场观众的演播厅里,台上的表演嘉宾是来自苏格兰的苏珊大妈。苏珊大妈唱得很动听,最后还对观众说了几句中文,有意思的是她并没有说简单的"你好"或者"谢谢",她说的是"送你葱"。为什么?

杨澜说:"这句话其实来源于中国版的'苏珊大妈',一位五十岁的以卖菜为生,却对西方歌剧有出奇爱好的上海妇女蔡洪平。这位中国的苏珊大妈并不懂英语、法语或意大利文,所以她将歌剧中的词汇都换作中文中的蔬菜名,并且演唱出来。在她口中,歌剧《图兰朵》的最后一句便是'Song Ni Cong'。"

杨澜继续说道:"当真正的苏珊大妈唱出这一句'中文的'《图兰朵》时,全场的 8 万名观众也一起高声歌唱,场面的确有些滑稽。所以我想,苏珊和这位上海的卖菜农妇的确属于人群中的少数。她们是最不可能在演艺界成功的，但她们的勇气和才华让她们成功了。这样看来，与众不同好像没有那么难。从不同的方面审视，我们每个人都是不同的。但是我想，与众不同是一件好事，因为你代表了不一样的观点，你拥有了做出改变的机会。"

杨澜是在苏格兰做 TED 演讲，她在开头就将苏格兰、苏珊大妈、达人秀、中国版"苏珊大妈"联系起来，一下子就拉近了她与苏格兰观众的距离，并且这个故事也非常好，直接"无缝"转接到杨澜的主题上，非常自然。

用故事开篇会让你的演讲非常生动，当然这并不是说什么故事都可以讲。最好是讲自己的故事并分享自己的感受，这些自己的感受才是整个演讲最有价值的地方。在《如何用非暴力方式抵制 ISIS 恐怖组织》《提升自信的技巧》《如何改变一所学校的脏乱差》《你有拖延症吗？》等 TED 演讲中，都使用了这个技巧。

在《你有拖延症吗？》中，蒂姆·厄本讲了自己拖延写毕业论文的经历。论文长达 90 页，项目工程太大，他计划花一年的时间来做。整体是阶梯式安排，开头比较轻松，中期任务增加，后期冲刺一下。

他说："看起来没什么大不了的，但后来好笑的事情出现了。我还没有来得及动工，开头几个月已经匆匆而过。然后，中间几个月也匆匆而过，我还是一个字没写。接着，两个月变成了一个月，又变成了两周。一天早上，我醒来，发现距离交稿日期只有三天了,但我还一个字没写。没办法,我只能在最后的72小时里,连续通宵赶论文。"

拖延症患者几乎和演讲者讲述的自身经历如出一辙。开始就做好了完美计划,但总是在最后才被迫开始动手。所以,观众听了立马产生"是的,我也是这样的"的感觉,然后自然就想要知道演讲者后面是如何摆脱拖延症的。

故事式开头要避免一些老掉牙的寓言、神话,还要确保故事与演讲主题具有紧密联系。因为故事是为主题服务的,要帮助观众在听故事的过程中,轻松地理解你的演讲主旨。如果没有关联,只图一乐,甚至让观众觉得混乱,不如不讲。

比如,周光宁在《救救孩子》的演讲开场白中讲述了这样一个真实的故事:一个小学四年级的孩子,妈妈都会把鸡蛋剥好,让他带到学校吃。有一天,妈妈忘记了给鸡蛋剥壳,这个孩子郁闷坏了。他对着鸡蛋左看看,右瞅瞅,就是不知道如何下口。最后,只好把鸡蛋带回家。父母问他怎么没吃,他答:"没有缝,我怎么吃?"

周光宁通过这个不知道鸡蛋有壳的小学生的故事,把观众成功引入到了他的演讲主题:父母要重视培养孩子独立生活的能力。

既然是开场白,讲故事的目的是吸引观众,引出演讲主题,就要尽量以简短为主,避免冗长和复杂。此外,故事还要符合观众的层次,不能讲他们觉得难理解的,也不要讲他们觉得很低智的故事,这样方能引起共鸣。比如给企业高层领导做演讲,和给农民工做演讲，讲的故事必定大不一样，这并不是歧视，而是为了照顾观众的接受能力、喜好特点，以便做到有的放矢。

以故事开头，最重要的前提是要有故事可讲，这需要在平时多积累，细心留意身边发生的事。比故事本身更重要的，是故事本身带来的思考、启发、感悟等，这是把它作为开场白的重要依据。

戏剧性开头带来意外惊喜

循规蹈矩的开头永远无法给人惊喜，大部分演讲都会被陈词滥调拖入冷场。而如果能在开场加入一点变化，比如在正规元素之外加入一点戏剧性的元素，效果就不一样了。所谓戏剧性，是指在假定情境中，人物的内心活动，直接通过外部动作、台词、表情等表现出来，是美学的一般范畴。而在人们将这一词用于生活用语时，其含义通常理解为偶然性、巧合、骤变等。意料之外的开场会成为一个新鲜有趣的体验，赢得众人喝彩。

社会学家艾丽斯·戈夫曼发给 TED 大会负责人的原稿是这样开场的：

"当我还是宾夕法尼亚大学的大一新生时，我选修了一门社会学课程。这门课程需要我们走到社会上，通过观察和参与进行城市研究。我在校园餐厅得到一份制作三明治和沙拉的工作。老板娘是一位非裔美国女性，60多岁的她生活在距离宾夕法尼亚不远的一个黑人社区。第二年，我开始辅导她的孙女爱莎，她那时刚上高中……"

艾丽斯·戈夫曼只是在对她的故事娓娓叙来，开头没有什么吸引人的地方。经过修改，她在TED大会上的演讲是这样开头的：

"在美国，孩子的成长之旅，有两个机构负责监督。第一个是我们最常听到的：大学。大学的缺点是，学费昂贵，年轻人为此负债累累。但无论怎样，那是一条不错的路……但今天，我想谈一谈第二个监督机构，这个机构就是监狱。"

相比第一个开头，第二个开头无疑更加吸引人。她把大学的元素加在监狱主题之前，让人忍不住叹息：哎，他们本应该在上大学的。这种感受比直接讲高中生犯罪更有冲击力。

当然，为了避免因过度戏剧化而失去观众，在用戏剧性的元素吸引观众之前，要首先与它建立联系。

桑德拉·阿莫特在TED的演讲主题是关于节食的，她是这样开场的：

"三年半前，我做了人生中最棒的一个决定，作为新年的新决心，我放弃了节食，停止了对自己体重的忧虑，我开始谨慎地对待节食。现在，只要是饿了我就吃，我甚至还减了10磅。"

什么？饿了就吃，还能减10磅，这个出乎意料的观点一出炉，台下的观众就惊讶地发出"哇"的声音，好奇心被很好地调动了起来。好奇心是吸引观众聆听演讲的磁石,若能有效使用,棘手的话题都可以变得妙趣横生。

"如何在30秒内镇住观众?"这是知乎上人气非常旺的一个提问。答案当然不止一个,但最有效的就是制造点"意料之外"。

比如一个演讲中,演讲者开场就说:"这是一家互联网公司,它的生日在每年的'双11',公司的老板姓马。"正在大家不以为然地想,谁不知道,这家公司叫阿里巴巴,老板是马云时,只听演讲者继续说:"这家公司叫腾讯,创立于1998年11月11日,老板是马化腾。"这意料之外又合情合理的答案,不禁让人莞尔,想起刚才的疏忽有点失笑。这是意料之外的演讲公式,表面说A,观众也觉得是说A,其实说的是B。

再比如,在一个演讲中,演讲者第一句话说的是美好生活,给人阳光灿烂的感觉。然后第二句,演讲者改换沉重的语调说,我所说的是最终的结尾。观众心情逆转,同时有点忐忑。演讲者这才抛出第三句,"我说的是死亡"。短短的三句话,让观众实现了"过山车"般的心态,牢牢抓住了观众的心。

加点戏剧性元素固然能出奇制胜,但是也要注意,运用这种方式应掌握分寸,弄不好会变为哗众取宠,故作惊人之语。因此,不能为了追求怪异而大发谬论、怪论,也不能生拉硬扯,胡乱升华。你要真的能够抛出一个让人"意料之外"的问题,并在演讲中针对这个问题展开你的论述。否则,极易引起观众的反感和厌倦。须知，无论多么新鲜的认识始终是围绕着演讲主旨进行的。

🗨 抓人眼球的图片、视频

相比语言的魅力，有时候，最吸引人的开场是一幅精美的图片或一段有趣的视频。一张精美的图片能吸引观众的注意力，但真正的冲击力常在于揭示图片内容令人惊讶的地方。

在 TED 演讲《寄生的故事：金小蜂的僵尸奴隶》中，卡尔·齐默开场就说："我要向大家介绍我最喜欢的寄生生物，世界上有上百万种寄生生物，我要讲的是它。"然后，放出了金小蜂的精美图片，宝蓝色的身体，蝉一样轻薄的翅膀，非常美丽。卡尔·齐默接着指出，它是通过将蟑螂变成僵尸，然后在它们的尸体里产卵为生的。

图片往往比文字更具有说服力和震撼力。美国艺术家亚历克莎·米德用一幅精美作品开始了演讲，说："你或许想要更近距离地观看，你的眼睛无法看到这幅画的全部。是的，这是一幅丙烯画，但我并没有在画布上作画，而是直接在人体上作画。"哇！这个开头直接引爆了观众的情绪。

类似的还有埃洛拉·哈代在演讲开场用的是一张可爱的蘑菇画，她说："在我 9 岁的时候，妈妈问我，希望我的房子是什么样的，我就画了这个漂亮的蘑菇。"然后，她说："妈妈真的造了这样一所房子。"当她展示出妈妈所造竹屋的图片时，观众席上一片啧啧声。两张图片和短短几句话，作为建筑师埃洛拉·哈代展示系列优秀作品的一个引子，让观众为之折服。

如果你的演讲主题恰好有合适的图片素材，这是不错的开场方式。如果你是摄影师、建筑师、画家、设计师或其他以视觉创作为主的人，这个方法用起来就更加得心应手。不过，不要说："今天我准备跟你们谈谈我的创作，首先我要讲点背景知识……"可以这样说："现在，我要让你们开开眼。"同时，配上图片。

当然，视频的效果也绝对不比图片差。

当戴维·克里斯蒂安讲述宇宙历史时，开场先放了一段鸡蛋被打碎的视频。在短短10秒钟左右的时间里，你看到那个过程开始逆向进行——鸡蛋逐渐恢复原状。借由这段有趣的开场视频，他揭示了演讲的主线——时间是有方向的，宇宙发展的历史就是日趋复杂的历史。

同样在TED大会上，斯坦福大学的教授李飞飞，分享了她令人惊叹的智能机器人研究。但她并没有一开始就演示机器人学习，而是先播放了一小段关于一个3岁小女孩看图片识别内容的视频。"一只小猫坐在床上。""小男孩在摸大象。"……小孩表现出来的能力是神奇的，李飞飞教授由此提出，如果能训练电脑发展同样的能力会多么有意义，这是引出研究主题的一个好的开始。

根据你所拥有的素材,你有不少方法可以帮你设计出更吸引人的开场。"你们看到的这幅画改变了我的一生。""这是我的第一张幻灯片,你能看出这究竟是什么吗?""我们先来看一段视频,它看上去或许有点不可思议"……

无论是图片、视频,你总能找到一个你认为适当的开场方式。借助它们,给自己一个好的开始。

第三章

燃！让观众尖叫的热情

激情澎湃，让人热血沸腾

法国作家弗朗索瓦·德·拉罗什富科说："热情一开口，就必然成为使人屈服的第一流的演说家。"演讲者充满激情时，是现场气氛最热烈的时刻，是观众情绪最高涨的时刻。

激情富有极大的感召力，它会通过说话人所表现出来的表情、语言等，来传递给听的人，使其也随之变得兴奋、激动起来。那么，富有激情的演讲都有哪些特点呢？

包含深情，发自肺腑

激情不是表面上的手舞足蹈，而是源自内心的热情、动力和坚持。

苏克拉·波丝在 TED 演讲《教育孩子一个个来》中，讲述了在印度贫民区办学的故事。

她说："我们走访了贫民窟，班加罗尔有 200 万人口，居住在 800 个贫民窟里。"他们无法走访所有的贫民区，但仍然尽量覆盖更多区域。这是个艰苦的工作，她说："每当筋疲力尽的时候，眼前浮现的却是一张张欢快的脸，一双双明亮的眼睛，然后我们才睡觉。"开始，他们很兴奋地工作，但很快被一些数字吓到了。

2 亿个从 4 岁到 14 岁的孩子，应该去学校却没去。1 亿个上学的孩子,却不懂得如何阅读。1.25亿个孩子不懂得基础数学。2500亿卢比用于政府教育,其中90%用于支付教师和管理者的工资,但是印度老师的缺勤率全世界最高,平均每四个教师就有一个在整个学年不去学校。

苏克拉·波丝决定在贫民区办学的时候,很多人质问他们:"你们什么时候开始?准备办几所学校?能接收多少孩子?如何控制规模?如何开分校?"很难不被这些吓到,但他们总是坚持说:"我们不是在玩数字游戏,我们希望每次接收一个孩子。希望带领这个孩子度过教育期,送去大学,让他们为更好的生活,高价值的工作做好准备。"

于是,第一所学校建立了,地点就在贫民区的二楼,那是贫民区唯一的一个两层建筑。天台的顶是锡板做的,下雨的时候,他们和孩子挤在一起避雨。然后是第二所学校,第三所学校,6年后,他们拥有了4所学校以及一个专科学校。

苏克拉·波丝穿着印度长裙,眉心点着朱砂,看起来婉约美丽。她全程面带微笑,声音圆润有力,没有过多的肢体语言,却洋溢着热情和爱。她给印度贫民区的人们带去希望,也让观众感受到她发自内心的诚意。

任何空话、假话、套话都让人味同嚼蜡。发自肺腑的话因为说真话,抒真情,所以才能感染人,打动人。

制造共鸣,同频共振

在TED演讲《运动给大脑带来的好处》中,演讲者温迪·铃木，不仅是纽约大学神经科学中心的教授，还是作家、说书人和健身教练。

她从自身的经历发现运动带给大脑的好处，包括对情绪和专注力产生积极作用，并保护大脑免受如抑郁、老年痴呆或是失智症等不同疾病的侵袭。她说："自我经常去参加运动，一年半过去后，我觉得有些东西值得记录。当时我正在桌旁写一份研究基金申请，脑海里突然冒出来一个想法，之前我从未这样想过。这个想法是，'天哪，申请材料今天写得很顺利嘛'。所有的科学家——对，所有科学家都会在我这样说的时候大笑，因为基金申请写作太难了。你绞尽脑汁，试图想出能够赢得百万美元的想法。但我意识到那次写作真的很顺利，因为我能够保持注意力的时间比以前都要久。"

如果这里仅仅是制造共鸣的开始，那么她接下来的话，会让观众更加有同感。她知道说了那么多运动的好处，大家最关心的一定是"告诉我吧，运动的最低量是多少，如果我想要实现你所说的这些变化"。

她说："答案现在就揭晓。首先，好消息是：你不需要参加铁人三项就能获得这些改变。你只需每周运动三到四次，每次保持30分钟以上，包含有氧运动，让你的心率加快。还有一个好消息是，你不需要去健身房办一张昂贵的会员卡。在周边的街区走一圈，见到台阶就走走台阶。这些能量的聚集和有氧课程是一样的，和你在健身房的锻炼一样。"

当大家在同一频道，就像把点燃的火柴棒放在干燥的麦秸上，热情瞬间会被点燃。因为你说的，正是大家理解的，并且渴望理解的。也如同，你心心念念的那个人，也正强烈地渴望见你。同频共振产生的热情，更热烈也更持久。

2004年7月，后来当选美国总统的奥巴马在民主党全国代表大会上发表讲话，在向大家讲述完自己的身世故事后，他充满激情地呼吁观众走向团结，做出改变。

当时，奥巴马说："如果一个芝加哥南部的孩子无法上学，即便他跟我非亲非故，我也会满心忐忑。如果有位老人由于无法支付昂贵的医疗费用，不得不在治病和租房之间做出选择，即便我从来没有见过她，也会如坐针毡。如果一个阿拉伯裔的家庭没有经过律师辩护或者司法程序就遭遇到不公，我也会寝食难安。正因如此，我们才能实现个人的梦想，成为美利坚大家庭。"

奥巴马充满激情的话语，令思想各异、态度不一的观众们看到了团结的重要性，唤起了他们的共鸣感。

有人说，声音大一定有激情。其实这是不客观的，歇斯底里的呐喊在表面上看好像非常具有激情，但真正的激情应该来自内心，评判激情的标准除了声音大小，还应该有表情、声调、投入程度，等等。尤其是演讲者的投入，一旦投入进去激情，就会带给观众猛烈、兴奋的感觉，从而调动起观众的情绪。

不犹豫，肯定表达

美国著名演讲大师卡耐基曾经说："假如一个演讲者用坚信的

语气,诚恳地诉说,那他就不可能失败。……无论对方的坚信是使用什么形式表达出来的都不重要,重要的是他带有感情。拥有热情的演讲者,他的影响力是巨大的。"

利兹·韦塞尔不到 30 岁就已经是一家公司的 CEO 了,她被邀请来到 TED 舞台,做的演讲是《大学毕业前的思考和行动》。

大学期间要做的事绝对有很多,而她笃定地认为,有 7 件事在大学毕业之前必须要做。比如"试着给你心目中的榜样,或者是某行业你想向其学习的一个人发一封邮件。注意,确保你邮件开头第一行说明你是个大学生。"比如,"结交 5 个你可以在其身上'下赌注'的朋友",再比如"自己创立一些东西,比如说组建一家俱乐部、创业、开通自己的博客,等等"。

所以,请停止说话时常用的"我认为""我觉得""我相信",如果你认为是有用的,就直接说它是有用的。即便那只是你的想法,但要展现自己的热情,仍然要坚定自己的观点。

● 简短的语言孕育热情

相较于滔滔不绝的长篇大论,短小精悍、简洁清爽的演讲更容易成为经典。因为冗长总是容易使人厌倦,而简洁有力的演讲则很容易调动观众的激奋情绪。因此,TED 风格第一要素就是——最多讲 18 分钟,这 18 分钟已经成为 TED 演讲独特的标记。

1984 年，理查德·索·乌曼在加州蒙特雷举办了第一场 TED，第一个演讲者是大名鼎鼎的史蒂夫·乔布斯。坦率地说，那并不像是一次演讲，倒像是一次产品发布会，乔布斯花了 50 分钟讲述新研发的计算机，接下来上台的索尼公司展示了最新的激光唱片等，漫长的时间让第一场 TED 亏损严重，六年之后才举办第二届。

此后的很多届有越来越多的名人登上 TED 的舞台，但是对于演讲时长没有限制，那些名人们想讲多久就讲多久，直到克里斯·安德森以 600 万美元的价格买下 TED，他推行了演讲时长限制规则。因为"18 分钟这个时间长度足够庄重，同时又足够短，能够吸引人们的注意力。你不应该只说话，还需要有十足的表现力，让台下的观众获得很棒的视听体验。无须寒暄太多，直接进入主题。你的任务是讲好一个故事，而非很多个故事"。

经过多年的科学研究证明，人的注意力时间有限，普通人关注一项事物的时候，一般只会保持 20 分钟的全神贯注，然后就开始"开小差"，可能你的目光还在盯着这项事物，但是已经开始心神不宁，接受能力也变差。

何况在这个碎片化时代，要忙忙碌碌的人们盯一场长达 50 分钟的演讲，是有很大困难的。只有简洁的表达才能激发观众的兴趣，同时因为短，演讲者不会担心超时，会更加从容自信。

你是否有一些事情，一直想去做，但就是没有开始？马特·卡茨在 TED 演讲《尝试做新事情 30 天》中建议：尝试 30 天。

他说:"几年前,我对老一套感到乏味,所以决定追随伟大的美国哲学家摩根·斯普尔洛克的脚步,尝试做新事情30天。"

然后,他讲述了自己的挑战,如每天拍一张照片,然后记住了自己每天都在做什么。他也由一个宅男变成了一个喜欢骑自行车去上班的人。甚至,他还完成了在乞力马扎罗山的远足。

不仅仅是尝试自己喜欢的,也可以尝试一些糟糕的事,比如写小说。他说:"每年11月,有数万人决定在30天里挑战写5万字的小说。结果就是,你所要去做的就是每天写1667个字,持续写一个月。所以我做到了。顺便说一下,秘密是除非在一天里你已经写完了1667个字,要不你就不能去睡觉。你可能被剥夺睡眠,但你将会完成你的小说。"

最后,他说:"大家还在等什么呀?为什么不考虑一些你常想去尝试的事,并在未来30天里试试,给自己一个机会?"

马特·卡茨的演讲只有短短三分钟,但却是轻松而愉快的。他只提出了一个简洁的方案,就是确定你想做的事,然后在30天内去实现它。不同于又大又疯狂的事,这些小的持续性的变化更容易开始并坚持下去。这个演讲因此大受欢迎。

著名翻译家、语言学家林语堂曾说:"绅士的演讲应该像女士的裙子,越短越迷人!"简短当然不是在台上随便说几句话,而是要在短的同时清楚地表达出你的思想,正如老舍所说:"简练就是话说得少,而意思包含得多。"这不是一件容易的事,那么,怎样才能做到呢?

首先，在演讲之前，要思考自己最想讲的是什么，明确所要表达的最重要、最核心的问题。不要绕弯子，要开门见山、单刀直入，用最明了的语言切中要害。

要做的就是打磨自己的演讲稿，把演讲稿写好，然后进行删减，再修改，再删减，并试着演讲几遍，拿捏好时间，不要揪住一个观点来回地重复，那样会使人厌烦。

其次，反复思考措辞，要力求精练。所谓精练，就是尽量将可有可无的字句去掉，使之干干净净、清清爽爽，不存芜杂之态。以便用最简练的文字表达出深邃的思想，整个演讲才能简短又不失深刻。

如果不是登台演讲，而是日常生活里的讲话，那也要在开口之前先问问自己要说的是什么，甚至可以在心里重复几遍给自己听，看是否简洁而恰当，然后再说给对方。

比如问一个人："明天能不能一起吃饭，我想吃川菜，附近就有一家川菜馆。"可以换作："明天去吃川菜，你去吗，很近的。"就简洁多了。无论是生活里，还是演讲台上的表达，都要记住摒弃长篇大论，让自己所说的话短而恰当，是 TED 给你的重要启示。

最后，所举的例证也应简短，不要试图去旁征博引。

郑板桥有诗云："削繁去冗留清瘦。"语言大师认为言不在多，达意则灵。可见，简洁是演讲和表达的最高境界。

● 引入具有激励性的内容

让演讲增强感染力的一个有效方法便是加入激励性的内容，这内容可以是故事，也可以是一长段的排比句。在演讲者铿锵有力的表达下，观众被名人的事迹，或者气势恢宏的句式所感染。

《伟大的领袖是如何激励行动的》是TED最著名的演讲之一，作家西蒙·斯涅克在演讲中提出了"黄金圈"法则，回答了为什么苹果可以取得独一无二的巨大成功，为什么是名不见经传的莱特兄弟研制出了载人飞机等总题。

西蒙的黄金圈法则由三个圆环组成，从外向内分别是：是什么（what）、怎么做（how）、为什么（why）。他说，所有企业都知道自己做的"是什么"，其中一部分知道应该"怎么做"，但极少有人或组织知道"为什么做"。

他说："这里的为什么是：
你的目的是什么？
你这样做的原因是什么？
你怀着什么样的信念？
你的企业为什么而存在？
你每天早上是为什么而起床？
为什么别人要在乎你？"
这一连串的问题，类似于排比句，让人忍不住开始反思自己。西蒙由此指出，和多数人由外向里的思考、行为和沟通方式不同，那些具有激励型的领袖和组织的思考、行为、沟通都是从内部的"为什么"开始的。

西蒙强调："目标不仅仅是雇佣那些需要一份工作的人，目标是雇佣那些同你有共同信念的人。那些只是需要一份工作的人只为工作而工作，而和你有共同信念的人，却肯为你付出热血和汗水。"他举了莱特兄弟的故事。

21世纪初，除了莱特兄弟，还有很多团队在做飞行器的研究。其中塞缪尔·兰利带领的团队有充足的资金，高薪吸引来了最高端的人才，同时还有纽约时报对他进行跟踪报道。而莱特兄弟不仅没有资金，团队里的人连大学都没有上过，他们只能用自行车店赚来的钱，勉强支持自己的研究。但最后，莱特兄弟试飞成功，塞缪尔·兰利的名字没有什么人记得。

西蒙用这个例子说明，莱特兄弟团队成员都相信如果研制出了飞行器，就可以改变全世界的出行方式，于是克服困难，拼尽全力地努力。然而塞缪尔·兰利的团队只是为了工资例行工作而已。

当你想要让演讲的感染力更上一层楼的时候，也可以运用强烈的短句、优美的长句产生一种激励性，以达到振奋人心的效果。

这是奥巴马的一次演讲，极富激情和感染力：

"今天，我要告诉你们的是，我们面临的挑战严重、真实而繁多。这些挑战不会轻易地或者在短时间内就得以克服。但我们要记住一点：美国终将渡过难关……

"在重申我们国家伟大之处的同时，我们深知伟大是要靠我们努力争取，而从来不是上天赐予的。我们的历程属于勇于承担风险者，属于实干家和创造者，而不是属于那些胆怯懦弱、享受安逸或追逐名利之人……正是那些勇于承担风险者的实干家和创造者带领我们走过了漫长崎岖的旅途，带领我们走向富强和自由……

"这就是美国！在这艰难的寒冬里，面对我们共同的危机，让我们时刻牢记那些不朽的字句。怀着希望和勇气，再一次冲破结冰的逆流，迎接任何可能来临的狂风骤雨。让我们的子孙传唱，当我们面对考验时，我们拒绝结束我们的旅程，不回头、不踟蹰。我们在上帝的关爱下眺望远方，我们带着自由这个伟大的礼物，将它安全地传递给未来的世世代代！"

除了排比句和强烈的短句外，一些强有力的疑问句也可以产生激励效果，比如："难道我们就这样忍耐下去吗""你看到他们自生自灭的时候无动于衷吗"，等等。

此外，勾画图像也是一种非常有效的激励性语言。当你想要阐述某些思想的时候，你可以运用很长的段落来勾画出一幅图像，用生动的描述将观众置于其中。

还可以说一些引导性的大胆词语，比如："我可以告诉你你想知道的答案""我们终将走向成功"等等，注意说的时候语气一定要加重，音量放大，目光坚定，你会发现他们已经被你打动了。

把握节奏的"高低""疾缓"

即便演讲稿再优美动人、再富有感染力,如果不能转化为有声语言,那么文稿对演讲者来说也只能是一个"静态的文本"。好的演讲就如同音乐,必须要有"高低""疾缓"的节奏感。

语言的节奏是由字音的长短和轻重有规律地交替出现而形成的。在演讲中,根据内容和情感的需要,演讲者要掌控抑扬顿挫、轻重缓疾的度。

在 TED 演讲《不要一悔再悔》中,演讲者凯瑟琳·舒尔茨语气丰富,她用自己的文身举例,告诉大家怎样接受后悔。

最开始,她用的是普通的叙述语气:"这是约翰尼·德普,这是他的肩膀,这是他肩膀上著名的文身。"屏幕上出现约翰尼·德普的照片,"或许有人知道在 20 世纪 90 年代德普和薇诺娜·赖德订婚,他的右肩上就有了这个文身——永远的薇诺娜。然而三年后——"她拉长语气:"这按照好莱坞的标准算得上永远了——他俩各奔东西,约翰尼一蹶不振,对文身作了小修改,现在纹的是'永远的酒鬼'。"

她的音量变大:"我喜欢约翰尼·德普,就像 16 岁到 50 岁美国人中的百分之二十五的人一样。"她顿了顿,语速稍微放缓:"我有文身。"向前走了两步,继续说道:"大概是 25 岁时我开始想纹一个,不过我等了很久,因为我知道很多人年轻时纹了身,

30岁就后悔了。"

她再次略微停顿:"我不是这样的。我29岁的时候去纹了身。"停顿,"我立刻就后悔了。我说的后悔是说我一出文身店的门,离这里只有几公里远,大白天我就在东百老汇和运河街的拐角崩溃了。"

语气放缓:"晚上我回家,情绪更加不能自已,这让我非常震惊,因为在那之前我告诉自己绝不会后悔的,我做过很多错事和傻事,这是当然的了,但我觉得我在当时状况下做出了最好的选择,我学到了一些我成为现在的我的原因,也就是说我深知我们对过去的事悲伤简直是在浪费时间。"

口语表达远比书面表达复杂得多、微妙得多。一个词或一句话,它的书面形式只有一种,但在口语中的表达形式却有几十上百种。比如,单单一个"是"字就有50种表达形式,"是不是"则多达500种说法。优秀的演讲者都擅长适时改变语速和语调,来迎合演讲的需要。

史黛拉·杨是个残疾人,她演讲的题目叫《我不是你们的励志榜样,谢谢》。她讲道:"我在维多利亚的一个小乡镇长大,我受的教育平凡而普通。"简单的开场语气平和。

"我上学,跟朋友们一起玩,跟妹妹们吵架,一切都再普通不过了,在我15岁的时候,一名社区的工作人员找到我的父母,想要提名我一个社区成就奖。我的父母说这是好事,但是她从来就没什么成就啊。"音调稍稍提高。

她继续说道："我上学时成绩还不错，毕业后我在妈妈的发型设计沙龙有一个普通的工作，我还花时间看各种肥皂剧。"语气变得坚定，"他们说得对，我压根儿也没有过任何不寻常的行为，我也没做出过可以被当作是成就的事情，如果不考虑身体有缺陷这一点的话。"

"几年后，我再次回到墨尔本的一个高中教书，我在一堂法律课上刚讲了大概20分钟，一个男孩举手问道：'女士，你什么时候才能开始演讲？'我说什么演讲？然后他说：'比如励志演讲什么的。'当坐着轮椅的人来到学校，他们一般都会说一些鼓舞人心的事对吧？"

史黛拉再次变换语气："就是在那个时候我开始意识到：这孩子一直把残障人士当作一种励志对象，这不是他的错，很多人都有这种想法，对很多人来说残障人士不是老师、医生或者美甲师，我们不是真实的人，我们的存在只是为了激励别人。"

史黛拉的演讲语调起伏并不过分明显，但是你会感觉非常舒服，她懂得在合适的地方提高音量，也懂得在合适的地方放慢速度，成就了一次非常棒的演讲。

没有什么比变换音调更能改进你的演讲的整体效果了。在演讲语句中，为表达感情的需要，可以稍稍加重某些词句的读音，可以稍稍放缓某些句子的语速；也可以在必要的时候突然如疾风骤雨般爆发出来，制造出情节发展需要的紧张激烈的气氛。

但是，适当的时候，读得比其他词轻，也能起到突出的作用。在演讲中,重音的不同可以表达不同的意思。实践中,演讲者可以根据自己演讲的目的、理解、心境、感情等因素,为表达需要,确定重音的位置,并对所强调的字词做出某种声音上的变化。

另外,关于语速的变化,也要考虑观众的反应。当观众倾向于反对你的观点时,把语速加快,以减少他们在脑海中形成反驳你观点的时间。如果你的观众是一个中立者,或者表现冷漠,加快语速能帮助你吸引他们的注意力。

当观众倾向于认可你的观点时,把语速放慢,给他们时间去思考和融合你的观点,这样更容易促使他们进一步接纳和肯定你的观点。

互动,把演讲推向高潮

高超的互动技巧能够瞬间将全场气氛调动起来,并得到观众热情的反馈。

泽·法兰克在 TED 演讲《你是人吗》中,说:"这是一个关于人的测验,来检验你是否是人类。如果你曾经做过这些请举手。那么,让我们开始测验吧。"

"你们曾经吃过鼻屎吗?在很久以前的童年?"下面一片笑声。泽·法兰克说:"没关系,在这儿说很安全。"

"尴尬的时候,你曾经发出过很小很奇怪的声音吗?"

"你曾经有意地把正文的第一个字母小写,为了表示出伤心或者失望吗?

"你曾经用过句号去结束一个短信,表示一种强势感吗?

"你曾用大笑或微笑去回应别人的侮辱,然后在那接下来一天内都在想自己为什么会那样表现吗?

"你有没有觉得从办理登记手续到登机前机票丢了千万遍?

"你曾经有试着去猜测别人的密码吗?"

……

他列举了很多生活里常做却微不足道的心理状态和行为,他的提问引得观众频频举手,提问到最后,他的演讲也结束了。

最后他说:"恭喜你,你已经完成这个测试,你是个完完全全的人。"

这是一次别开生面的演讲,更是一次充满着互动的演讲,而且颇具趣味。

虽然不是所有演讲都需要互动,但是观众的注意力维系时间并不长,互动则能在他们即将走神的时候将其"拉"回来。那么,演讲互动的方法都有哪些呢?

问答

现场问答是互动最基本的方式,问答的方式有两种,一种是演讲者提问观众,一种是让观众提问演讲者。

对于第一种,为了激发观众回答问题的积极性,不要提问太难的问题,无人回答会让你很尴尬。同时,你需要主动引导观众参与进来。比如,你可以说一些通俗的句子,使观众一下子就知道下面应该是什么,或者也可说一些名言、名句,让人们可以接得上。比如:"通过这件事我们可以得出,言多——(观众答'必失'),沉默(观众说出'是金')。"

也可以采用答案是二选一的问题,比如"是还是不是""要还是不要""好还是不好""对还是不对",因为简单观众参与会更积极。如果真的观众回答得不积极,那么你要赶紧以设问的形式,自己说出答案,在场上做到收放自如。

对于第二种也是需要一些注意事项的。首先你要做足准备,问答环节成功的关键就在于此,只有你将观众可能问到的问题一一准备好,才能对答如流,也才能更加好的激起观众们的提问欲望。

如何应对挑衅性提问呢?可以使用"移花接木"法。对观众表示赞许可以使挑衅性的问题变得不再对你不利。也就是对方的问题再挑衅,你也不能去针锋相对,不能跟对方"对着干",而是应将问题的矛盾转移到别处,以维持友好气氛。

鼓掌和举手

演讲者号召观众鼓掌和举手来活跃气氛或者配合自己,只要态度友好、合情合理,观众一般都会配合。

比如索要掌声。"感谢大家稀稀拉拉的掌声""掌声鼓励一下!""大家想知道答案吗?那就来点掌声!""要想欣赏,请先鼓掌。""掌声越热烈,讲得就越精彩"。

比如请观众举手。"演讲之前，我先做个小调查，听过演讲的举手认识一下。好，让我们为热爱学习的朋友鼓掌。""会说话就能结交更多朋友，同意这个观点的，请举手！"不过，人都有从众心理，当举手者寥寥无几时，其他人也不会举手。可以在观众举手之前先给他们做一个示范带动，他们见你举手了便会自然地把手举起来，一般情况下效果不错。

游戏

气氛太闷？游戏互动帮你嗨翻全场。大家都喜欢有趣的东西，用游戏提升观众的参与度，重点在于游戏的趣味性和互动性。

活跃现场气氛的游戏有两种，一种是单纯用来活跃气氛的，比如开场前的小游戏。另外一种就是能引出演讲主题的游戏，一般是先进行游戏，然后再对其进行阐释。

简·麦戈尼格尔在TED上演讲《游戏创造美好生活》时这样说："今天我要教你们怎么玩我最爱的游戏：超级多人拇指摔跤。这是我所知的唯一一个可以让你，也就是玩家可以在60秒内体验10种正面心情的游戏。这是真的，如果你今天和我玩这个游戏，只需要1分钟。你将会感到喜悦、解脱、爱、惊喜、骄傲、好奇、兴奋、敬畏与惊奇、满足以及创造力。这都将在1分钟以内发生。"

然后，简·麦戈尼格尔请了几名观众站在演讲台上，她先跟一位观众互动了传统的拇指摔跤游戏，两个人手握在一起再快速地摆动大拇指，按倒对方的大拇指就算赢。她做了示范之后，也介绍了超级多人拇指摔跤是什么意思,即无数人同时来玩这个游戏。很快,她就让现场所有人都手拉手连接在了一起。

"好了吗?1、2、3,开始!"观众们玩了起来,都笑得前仰后合。"你赢了吗?你赢了吗?哈哈哈。非常感谢。当你沉浸在第一次赢得超级多人拇指摔跤比赛胜利的光荣中时,我们来说说其中的正面情绪……"

简·麦戈尼格尔的这个游戏在开始的时候吸引了观众的好奇心,后面的解释合情合理,使得整个演讲流畅而自然。

奖励

演讲时,为了活跃气氛,也可以准备一些小奖励。比如小礼品、积分卡、微信红包等。以营销为主题的演讲也可以把公司的产品、代金券,或者作者的签名书作为奖励送给表现积极的观众。如果有问答环节,为了鼓励提问,也可以给提问者。

第四章

故事让耳朵听了会上瘾

讲故事，TED 演讲成功的关键

著名沟通专家卡迈恩·加洛在研究和分析了 500 场最受欢迎的 TED 演讲视频后，得出这样一个结论：一个人会不会讲故事、能不能把故事讲得引人入胜，是 TED 演讲成功的关键。

TED 组建者克里斯·安德森讲自己在丹麦认识的一个智利记者，在讲故事方面给他上了一节永生难忘的课。

当时，克里斯·安德森正在心不在焉地听台上关于媒体演变的 PPT 演示，然后轮到恩里克·努涅斯上台，就是那位智利记者。

当他站在讲台上，下面的每个人依然习惯地敲着笔记本。只见他自信地从讲台后站了出来，用洪亮而活泼的声音说道："今天我要向大家分享一个 16 岁天才少年的故事……"

敲击键盘的声音戛然而止，所有人都把目光集中在他身上。

他向大家展示了一张巨大的照片。上面是一位满脸忧伤的报纸摊主，标题是"罗斯福逝世"。恩里克·努涅斯说："这张著名的照片是由一个 16 岁少年在 1945 年拍摄的，并以 25 美元的价格卖给了一家杂志。"

恩里克·努涅斯给大家讲述的是关于视觉媒体的演变，但他用了迷人的讲故事的方式。

人们虽然倾向于相信事实和数据，但常常却会被故事吸引，并沉浸其中。因为那些经过故事包装过的事实，能够包含讲述者的情感，从而迅速打开观众的心门，达到影响对方心理的目的。

就像安妮特·西蒙斯在《你的团队需要一个会讲故事的人》中所说的："科技带来了信息大爆炸，我们现在需要有意识地将这些信息转换成大脑容易接受的形式来理解：故事。我们的大脑通过故事来帮助思考，我发现，只要人们学会精心构思一个故事，并且将其分享出来，能让听者和读者都颇有感触，那各种情形下的沟通都会有所改善。故事能够让人际交流信息更丰富，会形成巨大的动力，让我们产生共同的感受。"

卡耐基说过："世界上最伟大的真理往往是通过有趣的故事表达出来的。"所以，我们完全不用担心大家听了故事却不明白主题，有趣的故事可以有效地把我们的思想和情感植入到观众的大脑当中。

而且，我们在讲故事的时候，也是在与听故事的人建立一种连接。即便是讲述者没有出众的语言技巧，只要故事本身足够吸引人，也能让大家听得兴致盎然。

一个叫理查德·图艾瑞的小男孩，只有12岁。他的家在开阔的国家公园旁边，家里的牲畜常常遭到狮子的侵害，夜里再明亮的灯泡也不能赶跑狮子。但他发现，当自己用手电筒扫视狮子时，它就不敢靠近。

自此，小男孩开始痴迷于电子器件。他把家里的收音机进行反复拆卸，最终利用家里的电池、电路板等制造出一个能够依次开关的灯光系统。结果，真的把狮子吓得不敢攻击家畜了。之后不久，附近的村庄也都用上了这种灯。

小男孩被邀请去 TED 讲述这个超级棒的故事，但他很羞涩，一紧张就会变得结结巴巴，所以大家很担心他是否适合在 TED 上开口。但 TED 团队不想放弃，他们帮助小男孩准备稿件，正巧小男孩的发明获得了肯尼亚一所学校的奖学金，这让他锻炼了几次当众开口的经验，有了不少自信。

最终，小男孩成功登上 TED 的舞台，讲述了《我的一个与狮子和平共处的发明》的故事。现场掌声如雷，小男孩仍是紧张，但是观众们全都屏气凝神聆听。

讲故事总能让人产生共鸣，调动人的情绪，并快速提升人与人之间的关系，增加自己的说服力，以产生较好的信息传递效果。一个演讲成功的关键，并不需要多么高深的讲述技巧，只要故事足够吸引人，那这个过程就是成功的。

正如美国休斯顿大学研究教授布瑞妮·布朗曾在 TED 中提到的："故事是有灵魂的数据。"这是对故事最高级别的评价，也诠释了故事在信息传递中所具有的重要性和意义。有趣的故事是一场演出的灵魂，也让信息传递的过程充满趣味，更让讲述者充满魅力。

● 亲身经历的故事，最具感染力

想要讲好一个编造出来的故事，是非常痛苦的，而且别人听过之后也未必会认同。作家大冰曾说过："真实的故事自有万钧之力。"而在真实的故事中，亲身经历的故事更具有感染力。

在 TED 演讲中，大多演讲者都会以个人的亲身经历为素材，选择从讲自己的真实故事开始。

斯蒂芬妮·雪莉夫人登上 TED 讲述了自己传奇的一生。演讲一开始，她就说："当我写回忆录时，出版人感到非常困惑。我的故事究竟是讲了一个童年时身为难民的经历？还是在 20 世纪 60 年代创立高科技软件公司，上市后雇员发展到超过 8500 人的女强人？还是身为一个自闭症孩子的母亲？还是慷慨奉献大量财产的慈善家？好吧，事实上，这些全都是我。那么，就让我来给你们讲述我的故事吧。一切都从我坐上一列前往维也纳的火车开始……"

她告诉观众，她在 5 岁那年被从纳粹手中解救到英国。她说："我能活下来，完全是因为很久以前，热心的陌生人帮助了我。"然后，她讲述了自己有幸与父母团聚过一次，但之后再没有见过。

她讲述了自己为了对抗当时的性别歧视问题，创立了软件公司。但"没人会掏钱买软件，当然也不会从女人手里买"。她不断努力冲破这些屏障，招募婚后离开工作岗位的女性，还为准备生第一个孩子的女性提供在家工作的机会。

在那个年代,作为女性,她无法进行证券交易,甚至没有丈夫的批准,她不能开通银行账户。以至于为了敲开投资者的门,她不得不把名字中的"斯蒂芬妮"改为"史蒂夫",让她的名字听起来像是男性。她的公司创立于餐桌,注册资金只相当于现在的100美金。

1975年,公司创立的第13年,根据英国通过的平等就业法规,企业只雇用女性是违法的。因此,她不得不让男人进入公司。

后来,她的公司估值超过三十亿美元,让70名员工变成了百万富翁。但她说:"如果成功很容易,那我们都早成百万富翁了。但对我而言,我的成功是伴随着家庭的'创伤'的,甚至是'危机'。"她老来得子,孩子吉尔斯却在两岁半的时候变成了一个焦躁、不听话的小孩。于是,她成了一个患有严重自闭症的孩子的母亲。

为此,她创立专门为自闭症儿童设立的学校。17年前,吉尔斯突然去世。她说:"我已经学会了没有他在身边,学会了生活在没有他需要的世界里。"现在的她把精力都放在了慈善事业上。

这位集绝妙的企业老板、伟大的母亲、慷慨的慈善家于一身的传奇女性,用优雅且幽默的语言,向人们讲述了自己的真实故事,令人感慨万千。

只有在自己亲身经历的故事里,我们所表达的感情才是立体的,细节才是丰富的,呈现出来的故事才是真实、有根儿的。如此，我们才能让自己的演讲更受欢迎，也更容易打动人心。

前美国白宫见习生莫尼卡·莱文斯基在 TED 演讲的题目是《耻辱的代价》。她谈的是自己所遭遇的"网络欺凌"，在她看来，她因为这件事几乎失去了所有，包括名誉、尊严，乃至自己的人生。

她向观众说起当时的情景：有位"朋友"偷偷录下了她的电话谈话，她怀着恐惧和羞愧的心情，听着录音里自己闲扯每天发生的琐碎之事；听自己坦白对总统的爱慕；听着时而尖酸，时而粗鲁的自己是如何无理取闹。

几天后，斯塔尔报告被提交给国会，而与她有关的那些录音和文字记录，还有那些被窃取的言语，都属于这份报告中的一部分。她对此感到恐慌，不知该如何是好。但更加糟糕的是，那些录音在几个星期后又被播放到电视上，有些重要的内容还被发布到网络上。这种公开的羞辱让她饱受折磨。

她说道："可悲的是，社交媒体上充斥着更多像我这样的例子，而且，公众人物和普通大众都深受其害。对于有些人来说，后果是严重的，非常严重。"

发生在自己身上的真实故事，让观众迅速和你站到同一阵营，无形中就拉近了你和观众的距离和关系。讲述个人的真实故事时，一定要遵循三个原则：

第一，不胡编乱造。不要把道听途说的内容搬到自己身上，保证的确是自己亲身经历过的，才能保证情感的真实性，才能以情动人，以情传达理念。这是讲一个好故事最基本的要求。

第二，情感流露。一则好的故事，往往富含深刻的感情因子，能打动观众心中最柔软的那部分，个人经历也不例外。演讲者在讲述的时候，也要使用这种因子，全身心投入进去。否则，再好的故事讲出来，如果是干巴巴的，只能让人"哈哈哈"，那就毫无意义了。

第三，价值与意义。个人经历的故事只有"真实"和"感情"，还远远谈不上好。许多好故事都会在看似平凡的语言中蕴藏警示，向受众传递价值。

● 短小精悍的故事更精彩

观众不欢迎冗长的演讲，同样不喜欢冗长的故事。演讲不是讲述长篇小说，而且故事是为主题服务的，有时候一个演讲主题需要不止一个故事，短小一点才能保证演讲时间，避免观众注意力分散。

那么，故事如何才能避免冗长？

第一，情节要聚焦。

一个故事延展开来讲，会有很多可讲的情节，但未必都值得讲，只有能突出主题的点，才值得讲。

尼日利亚作家奇麻曼达·阿迪契在 TED 带给我们的演讲是

《单一故事的危险性》,她在其中讲述了自己小时候的故事。

她的妈妈总说她是从两岁开始读书的,但她觉得应该是从4岁。无论如何,从小就开始读书总是没错的。她读的大多是英国和美国的儿童书籍。同样,她也是从小就开始写作。她从7岁开始,就把自己写好的故事拿给母亲阅读。

而她所写的故事就如同读过的那些书中所表达的一样,故事里的人物都是白皮肤、蓝眼睛、喜欢吃苹果、讨论天气,等等。她经常写这样的故事,即便她自己是个黑人,从没出过国,也从没和朋友谈论过天气。她故事里的人物还经常喝姜汁啤酒,就因为自己所读的书籍上的人经常喝。所以即便自己根本不知道姜汁啤酒是什么,她也会把它写下来。

最终,奇麻曼达·阿迪契告诫我们:"如果我们只去聆听关于一个民族、国家的单一故事,最终只会导致严重的误解。当人们用同样的方式去描述一种人,这种人就成了被讲述的样子。"

当演讲者对于自己演讲主题把握不明时,很容易出现"跑题""啰唆""缺少转折"等问题,演讲效果大打折扣。TED演讲的一大特征就是准确地传达出演讲者的重点,TED的组织人员帮助演讲者训练时也是着重打磨这一点,他们会在演讲稿上反复推敲,砍掉"细枝末节",让演讲的主题鲜明。

第二,故事中的人物越少越好。

如果故事中设置一个主人公就够,那就不要设置两个。人物太多,关系太复杂,会给观众造成注意力困扰,不知道谁是主角，谁是配角。

一般个人经历的主角是自己，其他配角越少越好。如果是以第三人称讲述的故事，尽量选一个做主角，避免人物庞杂。

乔·萨比亚在 TED 演讲《讲故事的艺术》中，开头就兴致勃勃地说道："先生们女士们，大家都围坐过来，让我来给你们讲个故事。"他讲述的是发明家罗萨·梅根多尔弗尔的故事。

在立体书没有出现之前，故事书很珍贵，并且无处不在，还有点有趣。在有故事书的 400 年里，讲故事的人们从来没有想过要改良故事书。是罗萨·梅根多尔弗尔改变了这一现状。

梅根多尔弗尔说："我受够了！"然后，他抓起笔，抄起剪刀，开始折起了纸。于是，梅根多尔弗尔成为世界上第一个为孩子发明立体书的人。

第三，人物关系简单。

像《红楼梦》这样的巨著，人物关系复杂，做成树状图都很难厘清。但演讲不是小说，人物关系的饱满有助于情节的铺展推进。尤其是短小的故事，人物关系就必须足够简单，才能保证故事通俗易懂。

布莱恩·高德曼是一名急诊室医生，也是一名杰出的医学记者。当他站在 TED 的演讲台上时，在《医生犯错了，我们能说吗》中讲了自己的数次诊断失误：

第一次是，当德鲁克女士被送到急诊室的时候，他是那里的实习医生，负责诊断病人，并在之后向负责他的主治医生汇报。

德鲁克女士的气息虽然微弱，但并不难诊断出那是郁血性心脏衰竭。诊断后，他开始治疗，她开始好转。于是布莱恩·高德曼犯了两个错误。第一个是让德鲁克女士回了家，第二个是没有在她回家之前向主任汇报。

结果，护士告诉他，德鲁克女士在回家一小时后，就昏倒在地，被救护车紧急送到急诊室。然后，就再也没有醒来。

布莱恩·高德曼感觉愧疚、自责，等这种感觉好不容易消失，错误再次发生。当时，他在多伦多北部一家社区的急诊室做主治医生。一次，他接诊了一位25岁的男士，对方不停地指着自己的喉咙，他看了看，喉咙有些红肿。然后，他就给对方开了青霉素的处方，便让他离开了。

事情过去了两天，主任把他喊过去，告诉他那名患者并没有得链球菌性咽喉炎，而是得了一种很有可能威胁到生命的病症，叫会厌炎。幸好，他没有过世。

然后，他又讲述了自己在同一个急诊的值班中，有两次没有发现病患得了盲肠炎。他说："我可以告诉你，我造成最严重的错误只发生在了开始行医的前五年，像我众多的同事所称的那样。但这完全是胡说。在最近的五年中，我也犯了一些错误。我依然觉得孤独，羞愧，无助。"

布莱恩·高德曼讲述的故事中，都是简单的医生和患者的故事。即便是出现了主任、护士，以及患者的家属，都是一笔带过，这样的设置让人物关系主次分明，没有什么干扰。同时也保证了故事重点突出。

另外,语言也必须做到简洁、精练,使听者在较短的时间里了解故事的来龙去脉。

💬 前所未闻的新鲜事

那些老套的故事还没开始就让人不耐烦了,新奇的故事因为鲜有人知,或者超出了普通人的认知范围,自然能瞬间惊艳众人。

马娜尔·阿勒·谢里夫在 TED 的演讲题目是《一名敢开车的沙特女性》,她讲述的是自己作为沙特女性开车上路的故事。

马娜尔是一名沙特女性,这个国家并没有哪条明确的法律禁止女人驾驶,但它就是不允许。一旦女性开车就会被关进监狱。之前,她的兄弟只因为把车钥匙递给她,就被拘留过两次,饱受骚扰,甚至不得不辞去地质学者的工作,带着妻子和两岁的孩子离开祖国……

然后,马娜尔决定通过身体力行来鼓励女性驾驶,并拍摄了自己的视频上传到知名视频网站。视频一天内被播放了数十万次,然后她开始收到恐吓,甚至入狱九天。而她最终带着数百名女性一同开车上街,没有人阻拦。

但也因为这件事,马娜尔面临当地媒体有组织的诽谤中伤,还有各种散布在家庭聚会、街头巷尾及学校里的谣言。但她也明白,"这些孩子并不是自己想粗暴地对待我的儿子,他们只是受到了周围成年人的影响"。

这个故事让我们震撼的地方在于,很多人不知道在女权主义盛行的今天,居然还有地方不允许女性开车。

如同早上去菜市场买菜,绿莹莹的新鲜蔬菜,看着就养眼,想买。故事亦然,新颖的、别具一格的,总能博人眼球。那么,如何在演讲的时候引用新颖的故事?

第一,通过阅读积累素材。

没有素材就没有故事。新颖故事的积累,除了自己本身比较特别的经历,还可以通过阅读、倾听来实现。

你可以阅读大量的优质小说,观看经典的电影和电视节目。比如,经典小说家和剧作家都是最会讲故事的人,比如斯蒂芬·金、拉斐尔·萨巴蒂尼、威廉·萨默塞特·毛姆、亨利克·易卜生。再比如一些经典的剧情片,电影《喋血船长》《卡萨布兰卡》《原野奇侠》,电视剧《我爱露西》《荒野镖客》……大量接触充满想象力的、神秘的,悬疑的、智慧的故事,你可以知道什么样的故事是一个好故事。

当然,最好是你研究领域内的经典。比如你是一名大夫,可以阅读保罗·卡拉尼什的《当呼吸化为空气》、毕淑敏的《红处方》《毕淑敏心理咨询手记》。

积累的素材多了,才能在需要的时候随手取用,并且优选比较新颖的。

第二，建立"新闻"档案。

这里的新闻不仅是指时事新闻，而且指生活中一切可以听到的故事。比如，民间流传的、老人讲述的、朋友经历的、网上看到的、生活中观察到的……只要觉得新鲜有趣，就可以记录下来备用。

第三，故事切入的角度新颖。

一个新颖的故事，如果讲述方式老套，同样会失去魅力。

何念执导的《原野》，就采用了创新的表现手法。原野上，仇虎戴着镣铐从囚车上跳下来。他砸开脚铐，准备找害死父亲的焦阎王报仇，却发现焦阎王已死。又发现自己曾经的恋人金子嫁给了自己的朋友大星……

在不改变原著内核和台词的前提下，何念颠覆了原剧循规蹈矩的叙事结构，让故事从仇虎的角度切入，更加注重人物心理和内心情感的表达。老套路中呈现的新概念，让人眼前一亮，加深了印象。

多数人经历的故事，最易产生共鸣

不是所有人都拥有精彩的个人经历，但身边的故事一定足够丰富多彩。身边的故事，因为具有普遍性，很多人都亲身经历过,所以能很好地引起共鸣。

由北京语言大学发起的 TEDx 系列活动也发起过演讲活动,古典曾上台演讲《做生活的高手》,古典做了一个功夫的姿势,说:"他们说我长得很像功夫熊猫,所以我就用这样的方式开场吧。"

他说:"尤其在中国,你的生活还真的有点像一个高手,比如各位,你们刚刚毕业的时候,你有一个很爱的女朋友,你决定跟她一起生活,但这个时候,她妈冲出来给了你一记左勾拳,说如果没有房子,NO WAY。

"也许你读到硕士毕业了,你发现有一份工资低到你都不敢相信的工作,很可能工作内容是高中生就可以做的,对你的老板说'why',老板给你了你一记左勾拳。如果你不要这份工作的话,至少有三个人等着做你这份工作。

"还有一些人,也许你和同学们聚会,毕业后五年了,大家同学聚会,你会发现当年你很看不起的猥琐男、天然呆,他竟然有一份好到让你恶心的工作。因为他有一个好爹。生活正给你一记正踹,有这样的人,拍拍桌子。"

除此之外,古典还讲述了挤公交、地铁,合租屋、盖饭,他说:"每天挤地铁的时候,你只要往里一跳,就会双脚离地,30分钟的时候才可能有一只脚落下来。"

古典讲述的这些都是在大城市尤其是北京打拼的人都会经历的事情,当他在讲述这些事情的时候,下面的观众觉得就是在讲自己,所以一次次回报以热烈的掌声。

身边的现象,虽然不像特定故事,有特定的人物,但描述的是一群人的故事,会令观众产生熟悉的感觉。

在一场给年轻人的演讲中,演讲者讲了自己刚毕业北漂的故事:

他说自己毕业后只身前往北京打拼。每个月的工资只有3500元,除去吃饭、房租、交通费,所剩无几。为了省钱,他晚上从来不舍得在外面吃饭,经常在出租屋煮清汤挂面。

因为还在实习期,不敢得罪任何一个人,每天都过得战战兢兢,生怕一不小心就弄丢了工作;因为手上没有积蓄,不敢出去玩,感冒了就喝热水硬扛;因为买车买房连想都不敢想,就更不敢谈恋爱。虽然后来工资涨了不少,在北京能勉强生存,但还是选择了回老家的省会城市。

故事的结局没有像电视中那样,在大城市中打拼,最后实现人生的逆袭,而是迫于现实选择了退一步。

这个故事讲完后,下面不少观众都红了眼眶,甚至抹起眼泪。为什么?因为观众全都是毕业参加工作没多久的大学生,演讲者说的每一个场景都在自己身上发生过,每一句话都感同身受,得到了他们的极大认同。

可以说,每一次被电影里的故事感动得热泪盈眶,都是因为电影表达了自己也想要表达的情感;每一次在朋友圈转发的文章,都是因为文章写了心里也想说的话。在心理上,人们乐于接受和自己相同的观点,以及认同和自己相同的经历。

演讲或者谈话的真相只有一个,那就是站在对方的角度讲,故事亦然。因此,要站在大多数观众的背景下讲故事,例如,绩效考核的内容显然不适合大学生,而大学生在校期间的恋爱经历,则能让不少大学生产生共鸣。

需要注意的是,故事的结尾一定要有自己的看法和态度,才能让这种具有普遍性的故事不仅仅是一个故事,而是达到升华。如此,才能使得利用共情产生的共鸣,得到更进一步的认同和支持。

站在观众的角度讲故事,讲他们看到的、听到的、想到的,实现共情,这就是演讲中的"核武器"。

💬 温暖有爱的故事,给人希望和力量

温暖和爱,总能给人力量和希望,催人奋进。在演讲中,温暖有爱的故事,释放出的光和热,更容易调动大家的情绪。

肯尼斯·施诺祖卡是一名美国华裔初中生,他在 TED 演讲的题目是《我的一个小发明,保护我爷爷的安全》。

在他 4 岁的时候,爷爷就患上了阿尔茨海默症,经常乱跑。为了防止爷爷走丢,姑姑不得不熬夜提防,全家人在出门时,也都会胆战心惊。

为了解决这个问题，肯尼斯发明了一个无线的传感器，放在爷爷的袜子上。一旦爷爷下床，袜子上的传感器就会把信号发到家人的手机 APP 上，发出警报。整整一年，这个传感器的准确率高达 100%，成功预防爷爷走丢 900 多次。

肯尼斯讲述的这个小故事，让大家看到了他设身处地为家人着想的善良，看到了他对爷爷的爱心，深深被感动。

人们会不由自主地靠近能给自己温暖的人，爱心和希望是令人心有所动的源头和起点。经历死亡之旅，克·埃利亚斯没有把描述停留在当时的恐怖氛围上，而是穿越死亡，看到了生命中的希望和爱。这种情感因为过于真实，所以更容易触动观众那根最柔软、最需要呵护的心弦。传递出来的信念，也最能带给观众前所未有的精神力量。

2009 年 1 月，著名企业家里克·埃利亚斯乘坐的飞机被迫降落在纽约哈德逊河。在 TED 演讲《坠机让我学到三件事》中，他讲述了自己的心路历程。

他告诉观众，自己在事故发生的一瞬间，内心出现了很多想法。他说："在那一瞬间，一切都改变了。我们的人生目标清单，那些我们做的事，所有那些我想联络却没有联络的人，那些我想修补的围墙、人际关系，所有我想经历却没有经历的事。之后回想那些事，我想到一句话——'我收藏的酒都很差。'因为如果酒已成熟，分享对象也有，我早就把酒打开了。我不想再把生命中的任何事延后，这种紧迫感、目标性改变了我的生命。"

接着,他告诉大家,这件事让他学到的第二件事是:自己有一件真正后悔的事情。当时,飞机正通过乔治华盛顿大桥。他觉得自己的人生中虽然存在一定的缺憾,也犯了些错,但生活得其实不错……因此,当他后来回想起这件事时,他决定除掉自己人生中的负能量。

他说自己学到的第三件事是,当生命进入倒计时,突然觉得死亡并不可怕,但很令人悲伤。他说:"我不想就这样离开,我热爱我的生命。这个悲伤的主要来源是,我只期待一件事,我只希望看到孩子长大。"一个月后,他参加了女儿的表演,他意识到,成为一个好父亲,比任何事都重要。

唯一比恐惧强大的是希望。生活不可能总是一帆风顺,如果我们不及时补充正能量,很容易对生活失去信心,变得一蹶不振。苏联作家加夫里尔·特罗耶波尔斯基说:"生活在前进。它之所以前进,是因为有希望在;没有了希望,绝望就会把生命毁掉。"伟大的著作之所以伟大,是因为它在向人们揭示现实的黑暗时,还给了人以希望。比如余华的小说《活着》,用残酷的现实反衬人的坚强和韧性,从而给人以不灭的勇气与信心。同样,最伟大的演讲总是能鼓舞人心的。

有人在声色俱厉的暴力下,不屈服;有人在金钱美色的诱惑前,不投降。但几乎所有的人都会在爱面前心甘情愿地投降。一点爱就足以感化和温暖一个灵魂!

爱和希望都是正能量,要做一场鼓舞人心的演讲,我们可以尝试围绕正能量来选择故事。

挑选具有正能量的话题

我们先要确定一个具有正能量的主题并贯穿故事始终。因为只有确定好主题，我们的故事才会有中心轴。另外，我们所选择的正能量话题要先能打动自己。只有我们自己深信这个正能量的话题，才能在出现质疑的声音时，依然坚定地维护自己的立场。如此，才能把正能量的魔力传递给观众。

可以从"负能量"中凸显"正能量"

有时候，我们需要一个反面故事来凸显正面故事的必要性。一般情况下，我们所列举的"负能量"故事都要具有典型性，要贴近实际，过于抽象的故事会让观众有种云里雾里的感觉，导致其无法领会我们所要表达的意思。

最后我们要注意一点：之所以要列举具有负能量的故事，其目的是替正能量做铺垫。所以，故事的内容一定要扣紧主题，并凸显正能量。

第五章

设计让人掉下巴的环节

● 设置让人欲罢不能的悬念

如果一开始，你就把结果和盘托出，恐怕没多少人愿意听下去。就像悬疑小说那样，演讲以悬念开场，观众会神经紧绷，欲罢不能。

好莱坞导演J.J.艾布拉姆斯，在TED演讲中讲电影《大白鲨》的冲击力，应该归功于导演史蒂文·斯皮尔伯格在电影前半部分对大白鲨的隐藏。观众知道大白鲨会出现，但它却隐而不现，观众就只好一直留在座位上等待。演讲时，也可以利用一下这个"大白鲨"效应。

伊迪丝·威德在做关于发现巨型乌贼主题的TED演讲时，没有在一开始就展示乌贼令人惊奇的庞大身躯。她的第一张幻灯片是一张北海巨妖画，北海巨妖是挪威神话中类似乌贼的一种海洋怪兽。有神话做根基，她的故事由此开场。而因为起初的隐身，当巨型乌贼出现的瞬间，效果极为震撼。

设置悬念要注意指出你要去哪里以及为什么去，这非常重要。就像你不必展示鲨鱼或者乌贼，但观众需要知道它最终会来。否则，如果观众对此一头雾水，很快就会陷入迷茫。当鲨鱼和乌贼出现，也不能令观众感觉到神奇。

让观众知道你要表达的主题，却不急于给出答案，观众才会一直充满期待。

在主题为《生命中最好的礼物》的 TED 演讲中，丝德茜·克莱默在开头即说："请在脑子中想象一份礼物，不是很大，大概高尔夫球般大小，包装好大致是这个样子。"屏幕上显示出一份打好蝴蝶结的精美礼物。

这时候大家脑子中一定想象着礼物的样子，并充满期待。此时，丝德茜·克莱默接着说："在我揭开谜底之前，我先告诉你们这件礼物会有多么精妙的效果。"她描述了礼物的神奇作用，"它会使你合家团聚"，"你会感到前所未有的爱与感激"，"与久未谋面的老友和旧识重逢"，"你将收到几卡车的鲜花"，"你将得到 8 个礼拜的假期，什么都不用做"，"你将享用无尽的佳肴"，"你将因此拥有更健康的生活方式……而且它的价格是五万五千美元"。

到了这里，你是不是已经迫不及待想要知道这个礼物是什么了，你觉得那真是桩好买卖，甚至正在计算自己是否有足够的财力去购买它。

直到最后，丝德茜·克莱默揭晓答案是一颗脑瘤，幻灯片放出颈后密密麻麻缝制的长长刀口，触目惊心。

观众恍然大悟，这份礼物原来是足以让人重新审视生命的疾病。不由得让人深思，面对突如其来的、避之不及的灾难，该如何面对？与其抱怨、痛苦，不如把它当成是一份礼物。

在开场白中制造悬念,能在演讲最开始便激发观众的强烈兴趣和好奇心,勾起他们探究的欲望。而在适当的时候解开悬念,又使观众的好奇心得到满足,也使演讲前后照应,浑然一体。

卡伦·汤普森·沃克在 TED 演讲《我们能从恐惧中学到什么》,这样开头:"1819 年的某一天,距智利海岸 3000 英里之遥,在一个太平洋上最偏远的水域,20 名美国船员看着他们的船被海水浸没。他们的船被一条抹香鲸撞上,船身破了一个大洞。当船开始在巨浪中沉没,船员们挤上三只小小的捕鲸船。此时,他们离家 10000 英里,离最近的陆地也超过 1000 英里。而他们只有落后的导航设备,有限的食物和饮水。"

接着,卡伦·汤普森·沃克没有告诉我们这些船员在灾难面前的行动,而是描述了在太平洋上漂流,人们内心的恐惧。

直到演讲的最后,她才揭示船员们的结局,她讲道:"由于害怕食人族,他们决定放弃航行到最近的岛屿,而选择了更长、更艰难的去往南美洲的航线……当最终被两艘路过的船只救起来时,只有不到一半的人还活着。"

卡伦·汤普森·沃克在演讲开头,把船员们置身于大海之中无处逃生的画面铺展开,然后便把故事放到一边去讲述恐惧的主题。对恐惧的主题进行深刻剖析后,她才讲述了船员们的选择,给出故事的结局,演讲达到高峰。

悬念并不是单纯的故弄玄虚,既不能频频使用,也不能悬而不解。在适当的时候应解开悬念,使观众的好奇心得到满足,才能使前后内容互相照应，故事结构浑然一体。悬念一般分为三种类型，第一种是倒叙式悬念，就是先把故事的结局亮出来。第二种是疑问式悬念，故意设置一些疑问，用以引起别人的深思。第三种是误会式悬念，这是一种利用故事人物之间的猜疑或误解来激化矛盾、掀起波澜、不断推动情节的发展变化，最终释疑解扣的方法。

设置悬念的方法多种多样，不一而足。我们在讲故事的时候可以结合内容的需要，对其进行合理运用。但要注意一点：悬念的设置必须符合生活的真实，绝不是闭门造"事"，瞎编乱诌。它应该既出人意料，又合情合理。

曾有人评价说很多顶级的演讲具有侦探小说般的叙事结构，演讲者引出问题开始演讲，然后介绍寻求解决方法的过程，直到恍然大悟，意犹未尽。这就是设置悬念的魅力。

制造让观众心跳加快的"恐怖"

恐怖电影、小说，还有惊险刺激的过山车，人气一直居高不下。为什么越是可怕的东西，人们越是着迷？心理学家解释，适度的惊吓能够令人心跳加快，呼吸急促，打破平静的情绪，产生刺激快感。演讲中，适当吓唬一下观众，能够让他们紧张起来，注意力高度集中。

在 TED 舞台上，比尔·盖茨先向大家介绍了疟疾的历史："作为一种重疾，它已经存在上千年了……疟疾这个每年夺走上百万人生命的疾病，超过 2 亿人每时每刻都在被疟疾困扰着，所以在疟疾流行区域，经济不可能得到发展，它实在太碍事了。当然，疟疾是由蚊子传播的，我带了一些到现场，就是希望大家也体验一下，在会场里面也可以听一下它们的嗡嗡声。"

之后，他就真的打开一个玻璃罐，并放出了里面的蚊子。

不得不说，他在演讲现场放蚊子的举动，把在场的观众着实吓了一跳，令他们瞠目结舌，甚至毛骨悚然。虽然比尔·盖茨宽慰大家："没有理由只让穷人体验这种感觉。放心，这些蚊子没有疟疾。"

据说，在那些参加 TED 大会的各个领域的重量级人物中，有人说："我们离开这间屋子的时候要得病了。"eBay 网站创始人皮埃尔·奥米迪亚也在社交网络上开玩笑称："下次我可不坐在前排了。"

不管怎样，他的演讲最终大获成功，谷歌网站上约有 50 万条相关的搜索结果。而在 TED.com 网站上，比尔·盖茨的演讲视频更是获得了高达 250 万次的点击量，这还不包括其他网站上的浏览量。

总而言之，比尔·盖茨设计的这个令人难忘的环节，不仅把信息传递给了现场观众，而且传播到了全世界。时至今日，盖茨放蚊子的举动仍然是人们愿意谈论和分享的话题。

当然，这里并不是鼓励讲述者在讲故事的时候也带一瓶蚊子。而是想告诉大家：讲故事前我们需要好好想想自己的故事内容，确定最重要的论点，并选择一种新奇、令人难忘的传达方式。甚至有时候为了加深观众的印象，我们需要让他们"吓一跳"。

在讲故事的过程中制造点"恐怖"的环节，可以调动人们的情绪，起到足够震撼的效果，令观众对故事的主题印象深刻、久久难忘。那么，我们该如何在故事中制造"恐怖"环节呢？

借助道具制造"恐怖"

道具在一定程度上可以增加演讲的趣味性，能够有效增加观众的兴趣，吸引观众的注意力。因此，我们也可以像比尔·盖茨借助"疟疾的传播者——蚊子"的力量一样，去借助道具的力量，来达到"恐吓"在场观众的效果。

比如，我们可以选取一些和故事内容有关的道具，寻找切入点，在适当的时候拿出我们的道具进行操作和展示。当然，这还需要我们控制好展示道具的节奏，如果提前拿出道具，很可能会分散观众的注意力。

借助才艺制造"恐怖"

除了道具之外，我们还可以借助一些才艺展示，来达到制造"恐怖"的效果。比如演说家汉斯·罗斯林在TED演讲即将结束的时候，就给现场观众表演了吞剑；澳大利亚首席歌手梅甘·华盛顿则在TED演讲的最后进行了演唱。

这些令人惊奇的环节，往往能给观众留下难以磨灭的印象，让观众记住我们，记住这个与众不同的主题。

有时候需要反其道而行之

钱钟书在《写在人生边上》中写道："换个角度看世界，会收获到不同的东西，世界也因此以另一个面貌展示在你面前。"演讲时，如果也能摒弃千篇一律的讲述方式，反其道而行，一定能给人耳目一新的感觉。

比如心理学家保罗·布鲁姆，他在 TED 演讲台上做过一次题目为《偏见可能是件好事》的演讲。他在演讲中说："当我们想到偏见和偏爱，我们总会联想到愚蠢又邪恶的人，做着愚蠢而又邪恶的事。英国评论家非常好地总结了这个想法，他写道，'偏见是无知的幼子'，我想要试图游说你这是错误的。我想要向你证明，偏见和偏爱是自然而然的，它们时常是理性的，甚至是道德的。当我们理解了这一点，当它出现问题的时候，当它造成严重后果的时候，我们会有更好的应对方式。"

保罗在最后表示，偏见和偏爱其实是在展示人性最基础的二元性，当人们有了胆识、本能、情感后，可能会影响到我们对好与坏的判断和行为，但我们同样有能力做出理性思考和智能规划。而人们就可以运用这些，在某些情况下加速和丰富我们的情绪,并在某些情况下止住它们。这样,成见和偏爱就能帮助我们创建更美好的世界。

演讲中,保罗反其道而行之,用了详尽而又逻辑严密的论证讲述"偏见",向我们论证偏见的积极作用,并告诉人们正确地对待偏见和合理利用偏见。不得不说,这种方式在第一视觉上就对观众产生了吸引。

美国史上最年轻的首席大法官约翰·罗伯茨,当他作为一名普通父亲在儿子的中学毕业典礼上致辞时,他说:"通常,毕业典礼的演讲嘉宾都会祝你们好运并送上祝福。但我不会这样做,让我来告诉你为什么。在未来的很多年中,我希望你被不公正地对待过,唯有如此你才真正懂得公正的价值;我希望你遭受背叛,唯有如此你才领悟到忠诚之重要;抱歉地说,我会祝福你时常感到孤独,唯有如此你才不会把良朋益友视为人生中的理所当然……"

建筑学家弗朗克·赖特在匹兹堡也曾做过类似的演讲。开场他便语出惊人:"这是我所见过的最为丑陋的城市。"顿时令在场的每一位匹兹堡市民惊讶万分,因为当时的一项社会调查显示,匹兹堡市是全美最有吸引力的城市之一。弗朗克·赖特完全相反的观点,引起了众人的好奇心。

演讲的时候,我们可以对内容进行设计,让它看起来是反的。然后再在最后揭示出自己真正的观点,给人一种"原来如此"的感觉。那么,我们要怎么做才能做到"反其道而行"呢?

运用"换词法"

"换词法"就是巧妙地更换一些固定俗成的语句中的重点字词，使其含义变得更加新颖深远，或者更切合时代的潮流。比如，周鸿祎把人们常说的"羊毛出在羊身上"中的"羊"换成了"猪"，变成了"羊毛出在猪身上"，来比喻互联网时代的新的商业模式，令人大开眼界，思维洞开。

运用"否定法"

"否定法"就是彻底颠覆原有的意义，生出一种新意。比如江泽涵在讲《人情练达无文章》时，说："对做文章而言，人情练达无文章。他们因为想讨每一个读者欢心，进而压抑了自己的态度，文章的内涵也渐渐被人情世故的织网所束缚，怎还见得到人和文的灵性？真正的文学作家，往往不善处理人事……"观点令人深受启迪。

运用"对立法"

所谓"对立法"，就是朝着和主题相反的方向思考，从而形成正反对立，截然相反的新观点。比如蔡澜在讲《玩物丧志》时说："教你怎么赚钱的专家多得是，打开报纸的财经版每天替你指导，事业成功的老板更会发表言论来晒命。书店中充满有钱佬的回忆录和传记，把所有的都看遍，也不见得会发达。还是教你怎么玩的书，更为好看，更有用……"

玩物丧志原本是指玩心太重，会消解一个人有益的志向。但蔡澜却反其道而行之，倡导大家"玩物"，因为玩物可以养志、养性，利于我们看开人生、看淡功名利禄，能够形成一种新的志向，成就一种新的立命之本。观点不可谓不新颖。

总而言之，反其道而行不失为一种让故事观点出新的有效方法。只要我们善于去发现和思考，就能让演讲出人意料的精彩。

冲突，有张力才有吸引力

没有起伏的剧情，自然也无法令人心生涟漪。而紧张刺激、跌宕起伏的剧情，则扣人心弦，让人欲罢不能。

在 TED 演讲《我从肥皂剧里学到的人生道理》中，卡特·亚当斯女士讲述了这样一个故事：

1987 年，拜金女蒂娜·罗德发现自己深陷困境，决定嫁给善良的科德·罗伯特，因为他将继承百万遗产。而当科德发现她爱他和爱他的钱一样多，就甩了她。科德的妈妈玛利亚为此很开心。

他们又在一起了，而且蒂娜怀了科德的孩子，但他还不知道。科德的妈妈玛利亚雇了马克思·赫登引诱蒂娜。蒂娜还是嫁给了科德，发现科德不爱她后，就和马克思飞到阿根廷。

科德知道发生了什么事，就去追赶他们，但为时已晚。而当时蒂娜被绑架了，她被绑在一条筏上，冲下了瀑布。她和孩子被推断已经死亡。

科德有点伤心，但是他很快恢复，并和一个叫卡特的聪明考古学家在一起了。当他们在教堂举行一场美丽的婚礼时，被认为死亡的蒂娜抱着一个婴儿冲进教堂，尖叫"停！"她说："我来晚了吗？科德，我排除万难回来了。这是你的儿子。"

虽然当大家听说这是肥皂剧《只此一生》，一个持续了25年的爱情故事时，都笑了，但那不代表大家不喜欢这个故事。事实是，每天有多少人沉迷在肥皂剧夸张、曲折的剧情中，不能自拔。

卡特·亚当斯在接下来讲从肥皂剧中学习不投降的道理后，又讲了潘多拉（Pandora）的创始人兼首席战略官蒂姆·韦斯特格伦的故事。

蒂姆和其他联合创始人筹集了两百万美元，成立了公司。但这些钱在第二年就用光了。很多公司都会在那种困境里放弃，但蒂姆选择了战斗。

他刷爆11张信用卡，背负6位数的债务，但这并不够。两年来每到发工资的那天，他就站在他的员工前请求他们放弃工资。这很快有了成效，超过50个人贡献出两百万美元，帮他坚持下去。十多年后，潘多拉的估值高达几十亿美元。

卡特·亚当斯说："投降不是一个选择，你可以克服巨大的障碍。"

人们总是喜欢前后有起伏、情节有变化的内容。基于此，演讲者可以制造冲突、曲折，让故事变得有张力。

一个演讲者在讲述自己的观影感受时，分享的电影叫《杀人回忆》，讲的是一宗连环奸杀案，被害人既有十几岁的青春少女，也有七十多岁的耄耋老人。

当凶手最后落网，并不是人们眼中的凶神恶煞般的人物，而是一个普普通通的17岁少年。这与人们经常看到的影视作品中的杀人狂魔差异极大，让人难以置信。

演讲者用这个故事紧紧抓住了观众的心，因为越是离奇的故事越受欢迎。如果把一个普通人的日常拍成电视剧，白开水一样谁看？一般好点的故事，会在平静中投入类似突然中了彩票，又染上赌博，亏得倾家荡产……用矛盾冲突把平静的湖面搅得翻腾起来。

那么，到底什么叫作矛盾冲突呢？冲突一般包括认知冲突、主题冲突和情节冲突。

认知冲突，如上面电影《杀人回忆》中犯人的形象就是典型的认知冲突。就是利用大众对于事物认知的差异，制造的冲突。

主题冲突表现在人物上，一般都是从底层做起，历经种种磨难，麻雀变凤凰的故事。

情节冲突，体现在主角和其他人的关系上，或者主角和主角的关系上。比如从爱到恨，从忠诚到背叛等。

有冲突，才能牵引人心。如何设计故事的冲突情节呢？

明确与人物有冲突关系的对立面

这个对立面可以是某个人，也可以是某个团队组织，或者违法的现象等等。这样才能设计与对方过招的惊险情节，或者是主人公内心的纠结挣扎，以及在大环境下的浮沉与求索。

不是任何冲突性的事件都可以放在故事中

要显出矛盾冲突，就必须打破或者恢复主人公在某个价值层面的平衡或失衡的状态。所谓"打破"就是阻拦或者破坏主人公在乎的或者认为有价值有意义的事情，以便把主人公推入险境，让其谷底绝境求生。主人公多变的命运和不服输的勇气，会引来同情和关注，也能带给更多人正能量。

● 情节转折，让故事更加精彩

故事的核心是情节，但情节若是平铺直叙也会显得乏味，意料之外情理之中的转折则能让故事变得更加精彩迷人。转折指的是情节突然转变方向，拐到了一个读者完全没有想到的方向上，而且是急转，结果形成强烈的戏剧性，制造出紧张和期待感。

好的小说一般都是一波三折，扣人心弦，能够极大提高读者的阅读兴趣。虽然演讲中讲的故事一般不长，但也仍然可以设置一个转折，给观众制造意料之中的惊喜。

在 TED 演讲《可控的假死状态》中，马克·罗斯用大量案例描述了生物、动物的各种假死状态。他说，有一种叫"海猴"的虾，一般在宠物店或者玩具店都能买到。回到家，只需要把袋子打开倒进塑料水族箱里，大约一个星期后，就能看到小虾游动。

除了动物，他讲到人也会假死，10年前，挪威有一个滑雪者被困在一个冰冷的瀑布中，她在那里两个小时后才被救出来。她身上非常冷，已经没有心跳。在所有的意义上，她已经死了，冻死了。7个小时后，仍然没有心跳。但人们救活了她，她后来成了救治她的那家医院的放射科的主任。

加拿大有一个13个月大的小孩，当时是冬天，她的爸爸去上夜班。结果，她跟着到了外面，除了裹着一个尿不湿，什么都没穿。几个小时后，人们发现她已经冻死了。但人们让她起死回生了。

还有一名65岁的女性，也是倒在自家的院子里，冻死了，没有脉搏，但医生也救活了她。第二天她恢复得很好，医生想要给她做个检查，但她根本不听医生的，自己偷偷跑回了家。

虽然马克·罗斯演讲的主题是关乎"假死"，观众能够预知到最后的结局是"复活"，但在听的时候，"明明确认已经死了又活了"的情节反转仍然能带来巨大的冲击力。哪怕可以预见转折点的发生，也不会使故事变得枯燥。

转折的类型包括剧情转向，情节中心转移，比如当前剧情被另一个剧情硬生生打断。还包括人物转折，比如某个人物忽然跳出来改变了中心人物。那种完全颠覆观众的想象，转到了一个完全意料不到的方向，被称为"神转折"。

使用转折时，演讲者可以先设局骗过读者，把大家骗到A的方向，让他们猜剧情往B的方向走，结果却把剧情带到了C的方向。

有关转折的使用，需要注意，不论是人物转折，还是剧情转折，又或是拦腰斩断现有情节，都必须符合故事中人物性格和情节的发展，不能跟后面的情节有冲突。

比如，假设一群探险者在挖宝藏，挖了很久无果，准备放弃。这时，其中一个探险家发现了宝藏，但他选择了沉默，没有告诉其他人。在此，故事改变了方向，读者会问：这个探险家为何沉默？

如果这个探险家之前表现出贪婪自私的本性，那就很容易让人猜到他隐瞒宝藏的动机是想把宝藏留给自己。而事实上，他可能是在寻找一个时机给大家一个惊喜，或者他因为从小在孤儿院长大，想把这笔宝藏捐给那里的孩子。

总之，情节的转折要避免出现逻辑错误。另外，还需要注意，不要让人物做完一件事处于等待下一件事发生的状态，这样剧情就会不紧凑不刺激。可以让前一件事剩点收尾工作，直接让下一件事以意外的方式发生，收尾工作省略。

第六章

魅力无限的幽默

最亲民的幽默方式：自嘲

自嘲就是"自我开炮"，绝对是最亲民最实用的幽默方式。不仅不用担心会引来任何攻击，而且对于演讲气氛的调节作用也是非常强大。

布拉德在 TED 演讲《自嘲改变世界》中，讲述了自己出生的家庭。

他的爸爸是个黑人，妈妈是个白人，而他一直认为自己是个很强壮的黑人，像爸爸那样。直到爸爸把他送进了篮球夏令营，队友都是黑人。在比赛中，队友们朝他喊："嘿！把球传过来，那个中国小子。"布拉德开始不知道他们在同谁说话，但很快发现他们是在喊自己，他想："我是中国人？"他为此心烦意乱。

当他把这件事告诉父亲，父亲笑得很是开怀，但他一点都不觉得那有什么好笑，那关乎自己的身份。然后，父亲告诉了他三句话，第一句是："布拉德，不要把自己太当回事，你不是中国人，你是韩国人"（笑声）。父亲告诉他，"你是黑皮肤，你是布拉德，但因为你的新队友不认识你，你必须学会自嘲，你得让他们有机会知道，你是多么棒的一个人。所以，试着自嘲吧。"

演讲中，许多名人都是善用自嘲的高手，他们利用自嘲，不仅可以调节气氛、化解尴尬，还可以彰显自己谦虚的品质，迅速地拉近与观众的距离。

事业分析师丹尼尔·品客在演讲开始时，开起了自己的玩笑："开始前，我必须向你们告解，二十多年前，我做了一件让我后悔莫及的事，一件我丝毫不感到骄傲的事，一件我希望没有任何人会知道的事，但是今日我认为我有必要揭发我自己。"观众们都笑起来。

丹尼尔继续说道："80年代晚期，因为年少轻狂，我进入法律学院就读，在美国法律学院是个专业学位，你得先拿到学士学位，才能进入法律学院，但我进入法律学院时，我的成绩并不怎么好，我的毕业成绩成就了在我之上的那其他九成的同学。"观众在此大笑。

"谢谢你们，我这辈子从没做过律师，基本上那样做可能还会犯法。但是今天我违背我的理性，违背我太太的忠告，我想重拾那些过去所学的诉讼技巧——所剩无几的诉讼技巧，我不是向你们说故事，而是提出一个陈述，提出一个货真价实、有根有据的法庭陈述，来重新思考我们的管理方法。"

丹尼尔一上台就拿自己开涮，这样在逗笑观众之余也博得了他们的好感，丹尼尔要讲的主题理论性非常强，如果上来就以一种专业的口吻讲述，未免不给人强加之感。而他讲了自己的成绩不好，其实是在拉近与观众的距离，可以看到效果是非常好的。

自嘲是演讲或者生活中的一项"撒手锏",运用好的自嘲能够立刻引人开怀大笑,并且让你的亲和力迅速上升。

比如美国著名演说家罗伯特,到老年后整个脑袋几乎成了"不毛之地"。他60岁生日那天,许多朋友前来庆贺,妻子劝他戴顶帽子。在宴会的即兴演讲上,罗伯特的开场白是这样的:"我的夫人劝我今天戴帽子,可是你们不知道秃顶有多好,我是第一个知道下雨的人呀……"

主动说出自己的缺点,说明你有着乐观积极的心态,这份气度和勇气会为你增添魅力。

尤其是对于身份地位比较高的人来说,适度自嘲也可以让观众不自觉地产生一种莫名的优越感,从而愿意接纳你。

自嘲还能缓解尴尬。当你在演讲中或者其他时刻出现了尴尬,你也可以用自嘲来"力挽狂澜"。美国阿波罗登月计划中的首次载人月球登陆行动,是阿姆斯特朗和奥德伦两个人共同完成的。由于阿姆斯特朗踏出了登上月球的第一步,所以成了明星。有记者便问奥德伦:"你会不会觉得很遗憾,让阿姆斯特朗先下去?"气氛尴尬之时,奥德伦说:"我可是由别的星球过来,第一个踏上地球的人啊!"

自嘲是一种高层次的幽默,能把自嘲运用得潇洒自如的人,大多是演讲中的高手。你可以笑自己的长相或笑自己做得不甚漂亮的事情,也可以贬低自己抬高别人。当你取笑自己和他人一起笑,他人就会喜欢你,尊敬你,甚至敬佩你。

● 调侃别人，台上台下齐欢乐

除了开自己的玩笑以外，演讲者有时也可以调侃一下别人。只要是善意的，就能赢得观众会心一笑。

鲁比·怀克头发深红色，个性十足，她的 TED 演讲主题关乎精神疾病。她说："每 4 个人中就有一个人患有某种精神疾病。"然后她用手指着观众，笑着说："一、二、三、四，就是你了，先生，对，就是你。"她又说道："牙齿有点怪那位，还有旁边那位，你自己可清楚了，事实上那一整排都不太正常。"观众们大笑。

在 TED 演讲《别对我撒谎》中，鲁比·怀克伸出手指向观众席："我不想吓唬你们，但是我发现坐在你右边的那个人是骗子，坐在你右边的那个人也是骗子。"（笑声）

这种调侃观众的方式是一种非常强烈的互动方式，能打通你与观众之间的壁障，消除距离感。被调侃的观众甚至会有"天啊这么多人就挑中了我来互动"的感受，而其他观众也会沉浸在欢乐的气氛之中。

调侃观众的分寸并不好掌握，一旦又失去分寸就会惹得观众反感。所以，一定要对演讲主题、场下观众有着非常清晰的认识，才能够挑选到最适合演讲的玩笑类型，这并不是强求就能够得来的，需要"天时地利人和"。

在2014年清华经济管理学院的毕业典礼上，一位女士做演讲，马云受邀坐在观众席上。女士也姓马，常被人调侃称为"马总"。于是她说："虽然真正的马总就坐在我的前面，但你们还是要先听我这个马总演讲。"台下一片笑声，连马云自己都被逗乐了。

除了开观众的小玩笑，你也可以调侃一下朋友。不过需要注意，能拿来让你调侃的，必定是和你关系不错的，因为有一定的感情基础，所以不会太在意你的某些"贬低"。但若是不熟悉的朋友，一定要慎用调侃，免得碰到别人的逆鳞。

比如作为史上最有名的哈佛辍学生，比尔·盖茨的传奇人生一直被人津津乐道。在一次慈善晚会上，盖茨又被辍学这一问题围绕，但是他却开起了别人的玩笑："一次我回到哈佛做演讲，观众里有个学生叫马克·扎克伯格，如果我当年坚持到完成学业，大概没法影响他也从哈佛辍学。"下面的观众全都会心一笑。

再比如，美国前总统小布什演讲时，经常拿副总统切尼来开玩笑。有一次，他在演讲中否定自己像媒体说的那样笨，他说："我刚刚完成人类图谱。我的目标是克隆另一个切尼，那样我就不用再做什么事了。"然后，他把头扭向切尼："切尼先生，下面我该怎么说？"一时间，场下哄堂大笑。

当然，调侃别人不像调侃自己，你黑自己，逗乐别人，只要自己接受，不会得罪谁。但调侃别人不同，你是拿别人开玩笑，势必要考虑别人是否能够接受。比如，人家找了个漂亮女朋友，你酸溜溜地说："鲜花往往不属于赏花的人，而属于牛粪。"人家刚创业失败，你却凑上去兴高采烈地说："哎呀，哥们，作为失败的典型，你实在是太成功了。"人家长得不好看，你毫无顾忌地说："直到看见你，我才知道恐龙其实是可以再次出现。"恐怕，对方立即就会和你翻脸，即便脸上不表现出来，心里也有了疙瘩。

调侃要有一个尺度，那些可能伤害到对方，或者让对方尴尬或误会的话千万要少说，最好不说。毕竟，调侃的目的在于活跃气氛，所以一定要遵循善意的原则，切忌拿别人的短处开玩笑。比如，将对方的生理缺陷、生活污点等当作笑料抖出来，即使双方感情再好，也会严重伤害对方的自尊心，使双方的关系迅速恶化。

所以，无论是调侃观众还是调侃其他人，都要注意分寸，否则一个适得其反的调侃将会毁掉你的正常演讲。

● 幽默，会讲更要会"演"

喜剧电影的鼻祖卓别林，出演了一系列搞笑电影，黑白加无声，却让人看得捧腹大笑。没有语言，肢体语言也能充分表达幽默。在演讲中，不要忽视动作幽默的魅力。

乔·史密斯是个可爱的老头，他穿着绿毛衣，站在 TED 的演讲台上，面前有一张桌子，放着水盆和很多纸巾，他的演讲题目叫《怎样用纸巾擦手》。

他说："美国人每年能消耗一百三十亿磅纸巾，如果我们能减少手纸的消耗，假如每人每天少用一张，我们就能省下五亿七千一百二十三磅的擦手纸。

"关键在于两个字，这半边的朋友们，你们的词是'抖'，来说一遍，'抖'，大声点。"他看向左边的观众，然后转向右边："而你们的词是'折'，来，再说一遍。"

随即他把手伸到水盆里再拿出来，说："好，我的手现在是湿的了。"他开始抖动自己的手甩水："1、2、3、4、5、6、7、8、9、10、11、12。为什么是 12 下呢，12 使徒、12 部落、12 星座、12 个月，我最喜欢 12，这是单音节里最大的数字。"观众笑声响起。

乔·史密斯拿起纸："这是三层的纸，折。"做擦手动作，然后把手举起来晃动，手心和手背来回换："干了。"他再次把手伸进水盆，然后指向左边的观众，观众跟他一起说"抖"，他开始甩手，手指指向右边观众，观众喊"折"，他拿出一张纸巾擦手："折很重要，因为这样才可以使纸巾的缝隙吸水，你不用记住这词儿，不过相信我，没错的。"

乔·史密斯的演讲只有 4 分钟，用动作加语言制造出幽默，全程都让人忍俊不禁。而且他还跟观众有效互动，甚至都形成了默契。有时候，当你站在台上，你用寥寥数语辅以搭配的动作就可以制造出笑果。

智利作家伊莎贝尔·阿连德，在 TED 舞台上讲述的是《关于激情和创造力的故事》。描述到她和索菲亚·罗兰一起在意大利冬奥会上被选为旗手的事，她说："索菲亚·罗兰站在我前头，比我高一个头，如果蓬松头不算在内的话。"她的手往高处抬了抬，示意索菲亚·罗兰比自己高这么多。（笑声）

"她步伐优雅，就像非洲的长颈鹿。"她接着描述索菲亚·罗兰，一边一只手展开轻抬，一边伸长脖子昂头，做出长颈鹿的样子。（笑声）

"她将旗子一端扛在肩上，我则在后面小跑。我踮着脚，举高手，才能勉强够到旗子。"她一边说，一边高高抬起一只胳膊，两腿原地小跑。（笑声）

幽默的动作会显得更加传神，能够恰如其分地把握住演讲的气氛和观众的心态，观众们看到的并不只是一场演讲，而是一种立体化、生动化的"秀"。

那么，如何使用动作幽默呢？

动作夸张一点

幽默的动作是允许做一些夸张的，这样才能够产生出足够的笑料。例如，有个笑话讲的是，一位叫大头的小孩，哭着跑回家，对妈妈说："妈妈！他们都笑我头很大，我的头真的很大吗？"妈妈用大手夸张地在孩子头上划了一圈，说："你的头一点也不大。"原本这个笑话的对话一点都不可笑，笑点就在妈妈在讲的时候做的那个夸张的抚摸"大头"的动作。

演讲中，你可以夸张地捂住嘴巴表示惊讶，也可以用大幅度的动作来描述一个人的特点，制造幽默效果。

配合情节需要

有时一个小小的不起眼的动作，却能达到语言达不到的境界。

有一次，在一场晚宴上，马克·吐温和雄辩家琼西·M.得彪都被邀请做演讲。

马克·吐温先上台，他滔滔不绝地讲了20分钟，语言风趣、犀利，赢得了阵阵热烈掌声。

轮到得彪演讲时，他站起来，面露难色，说："各位，实在是抱歉，会前马克·吐温先生约我互换演讲稿，所以你们刚才听到的是我的演讲。衷心感谢你们认真倾听及热情的捧场。然而不知何故，我找不到马克·吐温先生的讲稿了，我无法替他讲了，请原谅。"他一边说，一边朝马克·吐温投去抱怨的目光，然后又无可奈何地耸了耸肩。观众们顿时大笑起来。

如果实在不知道如何做，还可以模仿名人，是那种略带搞笑的模仿。比如，一些演讲者在台上要调侃几句名人，同时就会辅以那位名人的经典动作或者标志性手势，这样既传神又有幽默效果。

💬 讲讲生活中的小趣事

如果你足够留心，会发现我们的生活中有很多小趣事，值得分享。因为非常接地气，所以颇受欢迎。

在 TED 演讲《谈科技意外的有趣视觉效果》中，喜剧人查克·奈斯引用了和妈妈的对话。

谈到网络欺凌的时候，他说这会让他那 75 岁的老母亲困惑不解。

"他们打他了吗？没有，妈妈。他们拿他钱了吗？没有，妈妈。那他们把他的头按到厕所了吗？没有，他们没有那么干，妈妈。那他们到底做了什么？他们在网上攻击他。在网上攻击他？那你直接断网不就得了。"台下笑声一片。

查克·奈斯用几句简短的对话，就描绘出了一个大家都可能有的妈妈现象，同时也点出了网络欺凌这个问题仍然不被了解甚至误解。

平凡的生活从不乏笑点，而且发生在自己身边的趣事会显得非常自然、非常亲切，这远远要好过一些关于"小明"之类的笑话。比如挤地铁、吃晚餐、购物等都会有很多幽默的东西出现，你去捕捉到这些幽默，然后运用到你的演讲里面，你会看到非同凡响的效果。

脱口秀演员马兹·乔布拉尼曾在 TED 上即兴演讲，讲述他作为伊朗裔美国人的一些事。

他说自己出生在伊朗，现在是美国公民。在美国持有护照的人会知道，在你的护照上还标有你的出生国。他的护照上，标注着：出生地伊朗。

他说自己拿着美国护照在任何西方国家旅游，从来没有遇到过任何麻烦，有"出生地伊朗"根本没关系。相反在一些阿拉伯国家遇到过麻烦。在最近一次和同事去科威特演出，他们都通关了，边境巡警唯独看着他的护照说："啊哈，美国人。"但是他打开护照一看"出生地伊朗"就喊："等等。"

然后，马兹·乔布拉尼说："他开始盘问我一些问题，他说：'你父亲叫什么？'我说他已经去世了，叫胡萨罗。他又问：'你祖父叫什么？'我说他也去世很久了，叫贾巴。他说你等等，我快去快回。他走之后我就害怕起来，因为我不晓得我祖父曾干过什么破烂事，没准那个人回来会说：'我们通缉你有200年了。'或者：'这是你祖父曾经违规停车的过期罚款单，你欠我们二十亿美元。'"

好的幽默可以来自生活里的每一件小事。影视作品中的幽默是把生活当原料，把生活中的趣事进行加工和修改，交付给演员去重现，所谓"艺术来源于生活"。而在演讲中，基本不必做大的加工，顺手拈来就能用。

你不妨在准备演讲稿之时，找好自己演讲的方向，从中挖掘出一些我们每个人身边都有可能发生的事情，并以很生活化的口吻讲述出来。

阿帕玛·饶通过和索伦·普尔兹合作,创作出一系列高科技的艺术作品。她的 TED 演讲《高科技艺术》中讲述了自己的几个发明。

她的第一个发明叫作"叔叔电话"。她说:"这个作品是从我叔叔的一个总爱使唤我做事的习惯中获得的灵感,我就像是他身体的延伸部分,帮他开灯或者倒水,买包烟,我长大后被使唤得更厉害了。我开始觉得这是一种控制,但是我不能怎么样,因为在印度家庭里,叔叔是很受尊敬的。最让我烦恼且不解的是,他用座机打电话的方式,他拿着听筒,然后让我给他拨号码……"她做出一只手贴着耳朵打电话,一只手在下面拨号的动作,观众哈哈大笑。

阿帕玛·饶讲述的是一个在家庭中非常司空见惯的现象,哥哥姐姐使唤弟弟妹妹们,或者大人使唤小孩。因为每个人都经历过,一听就能立即想到那个场景,非常有喜感。

实际上,每个人身上都有幽默的因子,幽默不需要天分,只要心情。即便是一些棘手的事,我们也可以拿出来娱乐一下。只要可以笑得出来,还能有什么解决不了的大事呢?

肯·罗宾逊的演讲中讲到搬家,他说:"我们从斯特拉福德搬到洛杉矶,我想说的是对于这次搬家,我儿子并不愿意,虽然他很喜欢这儿,但是在英国,他有个女友,是他的最爱,他们认识一个月就开始交往了,我们要搬家时他们已经交往了 4 年,这对于 16 岁的年龄来说已经很长了,我儿子上了飞机后很郁闷,他说:'我再也找不到像莎拉那样的女孩了。'但说实话,作为家长我感到很庆幸,因为那个女孩是我们搬家的主要原因。"台下观众大笑不止。

平时,多留意身边的人说的话,做的事,都可能自带幽默细胞。比如,爸爸对一个高三落榜生说:"考不上,就复读吧。"旁边听力不佳的爷爷立即接茬说:"考不上就考不上,服什么毒。"爷爷一个曲解,把原本沉闷的气氛化解了。或者自己无意中的口误、干出的糗事,也会产生喜剧效果,都可以用作演讲中的素材。

比如,飞机整整延误了 24 个小时,最后,终于通知旅客可以登机了。在通过机场安全检查时,一位旅客大声说:"还有什么必要在我们身上找武器呢?要是谁有的话,他一定早开枪了。"

如果你觉得自己没有遇到有趣的事,那就借助万能的朋友圈。你的生活或许不是每天有趣,但是朋友圈里的芸芸众生总是有有趣的事情发生。

● 反语式幽默,让人忍俊不禁

所谓反语,包括正话反说和反话正说。又称"倒反""反辞""反说"等。反语式幽默即是通过"说反话"来达到含蓄的幽默效果。在 TED 舞台上,类似的例子还有很多。

蒂姆·尔班在 TED 演讲《你有拖延症吗》中，讲述了自己在最后三天时间里，熬夜赶出了一篇 90 页的论文，在截止时间的最后一刻交了上去。

他说："我以为一切就这么结束了。结果一个星期之后我接到一通电话，是学校打来的。他们问'你是蒂姆·尔班吗'？我说，'没错。'他们说：'我们得和你谈一下论文的事儿。'我回答，"好的。"对方接着说，'这是我们看过最棒的一篇论文。'

"实际上那并未发生。这篇论文写得非常非常烂。我只是想享受一下这个时刻，当你们全部以为，'这家伙太牛了！'事实不是这样的，那篇论文超级烂。"

与通常的顺向思维相悖，如果能够从反面出发，正话反说，则能见人之所未见，发人之所未发，从而形成一种强烈的新奇感，引起人们的兴趣，产生更强烈的幽默效果。

当内心有意见的时候，我们也可以采用这种方式委婉表达。不仅可使话语含蓄风趣，产生出人意料的"笑果"，还能使听者悟其意却不反感，欢喜接纳。

在 TED 演讲《谈科技意外的有趣视觉效果》中，喜剧人切克·尼斯在讲到无人驾驶的时候，说："其实，无人驾驶我们早就做到了，只是没有用计算机而已。因为多年来，我们都是一边开汽车一边发信息。一边化妆，一边刮胡子，一边阅读……"

切克·尼斯把高科技中无人驾驶，置换成了驾驶员开车三心二意的场景，正话反说，虽然是批评却让人莞尔。

喜剧家马兹·乔布拉尼在一场 TED 演讲中这样调侃迪拜的物价："迪拜是非常酷的地方，那里有个迪拜购物中心，它是如此之大，购物中心里居然有的士，我正走着，听到'滴滴'声，司机说：'我要去精品店，离这还有三英里，让开让开，别挡路。'最惊奇的是在迪拜经济最不景气的时候物价上你也看不出来，在这里他们卖以克称量的冷冻酸奶。我正走过时，一个男子说：'嗨嗨，我的朋友，你想要一些冷冻酸奶吗？来这里来这里，我这有 1 克的、5 克的、10 克的，你要几克？'我买了 5 克，10 美元！10 美元啊！"

古人说"良药苦口利于病，忠言逆耳利于行"。但并不是所有人都能听进去逆耳忠言。相反，逆耳之言常常令人反感，使谈话无法有效地进行下去。而正话反说，则能化腐朽为神奇，使良药不再苦口，忠言不再逆耳。

有些话难以启齿或不便直说，我们不妨藏起锋利的语锋使用反语，可化方为圆，软化语意。不用咄咄逼人，而是在轻松幽默中完成使命。

● 简短铺垫，抖出包袱制造笑点

包袱是相声术语，指的是经过细密的组织和铺垫，达到的喜剧效果。前面的铺垫和酝酿也叫"系包袱"，迸发时称"抖包袱"。前面的铺垫是建立第一个思路，目的是将观众注意力引到方向 A，即把包袱系紧。后面的包袱是揭示第二个思路，目的是把听者引向与 A 相反的方向 B，出人意料地解开包袱，引出戏剧性的效果。TED 舞台上，很多演讲者都是抖包袱的高手。

梅逊·扎伊德是一位喜剧演员、作家，她因为出生时发生意外，而患上了脑瘫。她每天时时刻刻都在颤抖，所以必须坐在椅子上进行演讲。她的演讲中有很多梗，逗得台下的观众不时大笑。

梅逊·扎伊德光是开头就铺垫了三次，抖了三次包袱，制造了至少三个笑点。比如，她铺垫"接生我的医生当时喝醉了"，抖包袱"我可清醒着呢！"铺垫"她从六个不同的方向切了我妈的肚皮六次"，抖包袱"差点闷死我。"铺垫"我得了脑瘫，每天时时刻刻都在颤抖"。抖包袱"我觉得自己特像夏奇拉，夏奇拉遇到了穆罕默德·阿里（拳王阿里，患有帕金森）"。

她提醒大家自己可不是什么励志人物，也不希望被可怜。接着又做铺垫并抖了个大包袱。她说："在某些时刻，你们会希望自己也有点残疾。不信我们来看，圣诞节前夜你开车在超市附近转来转去，想找个停车位。猜你会看到什么？16 个空着的残疾人停车位！你想，'天哪！我怎么就不能有点残疾呢？'"一片大笑声，有人捂着嘴巴大笑，有人不顾形象地在椅子上笑得前仰后合。

说到自己的种族，她又抖了个包袱："在我成长的小镇上，原来只有六个阿拉伯人,而且他们都是我的家人。现在有二十个阿拉伯人了,他们仍然都还是我的家人。我想没人注意到我们不是意大利人。"一句铺垫后面跟了两个小包袱,为她赢得了一片掌声和笑声。

简短的铺垫,抛出包袱,制造一个或者多个笑点,这是抖包袱常用的套路。前面的铺垫只需要陈述一个事实,不需要好笑,你越正经越严肃越好。比如,"我老婆和我最好的朋友跑了",这就是一个铺垫,听者会脑补一个画面,然后心里无比同情地想,这个人同时遭受双重打击,一定很痛苦吧。然后打破铺垫预设的结局,接着前面的铺垫看后面的包袱,"天哪,我好想这个哥们。"此话一出,让人意外,同时笑点喷出。

包袱的内容一般来源于生活中的人和事,经过加工就可以激活达到引人发笑的目的。

比如著名的相声演员马三立说的《逗你玩》,前面絮絮叨叨说了一大堆,这个贼怎么跟小虎做游戏,怎么教他念自己的名字。经过这么多的铺垫,马三立才开始抖包袱,小偷拿走了衣服,小宝大声叫:"妈妈,他拿咱家褂子啦。"母亲:"谁啊?"宝宝:"逗你玩。"母亲:"好好看着。"小偷拿走了裤子,小宝大声的叫:"妈妈,他拿咱家裤子啦。"母亲:"谁啊?"宝宝:"逗你玩。"母亲:"这孩子。一会儿我揍你,好好看着别叫啦!"……惹得观众开怀大笑。

生活中类似的例子有很多,比如一位女士花了大半年的时间终于把驾照考下来了，她的丈夫深情地对她说："亲爱的，为了庆祝你考下驾照，我明天带你去逛 4S 店。"第二天，她的丈夫先带她去看宾利，然后是玛莎拉蒂、迈巴赫、保时捷。

这位女士激动地说："老公，我知道你爱我，但也不用这么奢侈吧？买辆宝马或奔驰我就知足了。"

她的老公深情地望了她一眼说："亲爱的，我带你看这些车，是想告诉你，这些车标千万要记好了，以后开车上路，可千万别碰这些车，修起来太贵。"

这个段子里的两个深情非常重要，前面越是深情，后面抖包袱时的"笑果"越是好。同时，这其中讲述的时候，在女士说奔驰、宝马就可以和后面丈夫的回复之间需要一个停顿，两三秒即可。一个稍微的停顿，能让后面的"逻辑意外"冲击力更强。

再比如，一个男生和女友约好了几点去看电影，收拾好后发现时间还早，就决定玩会游戏再出发。结果一开始就停不下来，一晃约会时间都过了一个小时了。这个男生懊恼地抽了自己两个嘴巴，一边抽一边骂自己，"真混蛋，我怎么练个游戏都不能专注"。

有人把艺术创作的过程比喻为"千锤打锣，一锤定音"。这对于抖包袱也同样适用，千锤百打才能把钢坯变成铜锣，但最后声音是否响亮，还需要有经验的老手，关键性地一击。铺垫固然重要，但目的是点破。所谓"水到渠成，天机自露"，全凭这一击。点破的方法也是多种多样，比如有"画龙点睛"，有"前后呼应",有"旁敲侧击"等。演讲者根据内容的要求,可以精心选择,灵活运用各种手法,给观众带去一场印象深刻、喜笑颜开的好演讲。

第七章

真实是你最大的魅力

感动别人之前先感动自己

"感人心者,莫先乎情,莫先乎音。"演讲的生命和威力在于真实,在于真情流露。而欲要感动别人,先要感动自己。

坎迪·张的 TED 演讲题目叫作《在死之前,我想……》,她说:"2009 年,我失去了一个我挚爱的人,她的名字叫作琼,对我来讲,她就像我的母亲一样,她死得很突然,没有人预料到。然后我思考了很多有关死亡的事。"坎迪·张吸了一下鼻子,抬眼看向天花板,以免眼泪掉下来。

她停顿了一下继续说道:"然后,这件事让我对我拥有的时光怀着深切敬意,并且显现出了那些对我生命有真正意义的东西,但我却很难在日常生活中保持这个心态,我觉得人们太容易被日复一日的琐碎困住,而忘记什么才是真正重要的事,于是我在朋友的帮助下把这栋废弃的房子的一面墙做成了一个巨型黑板。我在上面写了一道填空题:'在死之前,我想……'每一个路过的人都可以拿起粉笔,在公共场合留下他们人生的痕迹,分享他们内心深处的愿望,我并不知道该在这个实验里期待些什么,但是第二天,整面墙都被填满了。"

坎迪·张的演讲如喃喃自语,她在演讲中哽咽,她是因为亲人的离世的影响才想到在黑板上提问的,提醒人们珍惜生命和时光,在整个演讲中你会看到坎迪·张对此的感情丰沛,她站在台上自言自语般讲述这段让她感动的故事,结果就是打动了在场的所有人。

演讲者先感动自己,才能够感动别人。仔细观察,你会发现那些让观众哭得稀里哗啦的演讲,演讲者自己也几乎在台上落下泪来。

NBA传奇巨星"飞人"乔丹在2009年入选了奈史密斯篮球名人纪念堂,他做了15分钟的演讲。上台后,乔丹低着头,用手指抹去眼角的眼泪,冷静了很长时间,他说:"我告诉我过我的朋友,在台上说完谢谢我就离开,但是我做不到。我需要感谢很多人,在所有的视频和比赛里,你们不仅能看到我,还能看见皮蓬,以及我们一起赢下的冠军。"乔丹又抹了抹眼角。

乔丹在回顾了职业生涯的很多难忘之事后说:"最后,我想说,篮球就是我生命中的一切,我的心灵庇护,当我需要信心和内心的平静,篮球总会在那里静静地等待着我,它带给我沉重的伤痛,强烈的喜悦,还有自我的满足感,这种情感是你们很难了解与想象的,这就像一种建立许久的交集,它成就了我的伟大也给了我无尽的喜悦,它为我搭建了一个平台,让我能与成千上万的人一起分享我的激情,这本是我在职业生涯里没有想到、也无法想象的,我希望我能够激励成千上万的人,通过自己的努力、坚持不懈以及积极乐观的态度,来实现他们的人生梦想。也许有一天,你会看到一个 50 岁的乔丹在场上打球。"

演讲时,只有用发自肺腑的真情才能感染观众。但是这种真情流露要非常自然,不是表演式的真情流露,"硬挤"出来的夸张表情,那样只会起反效果。比如,有些演讲者在演讲时极力渲染情绪,运用很多抒情手段,但是由于"真情"不是发自内心,观众不会为之所动。

感情是最富有"个人性"的,当你经历一些事产生的感悟是任何人都不能给你的,这是你独一无二的感受,你站在演讲台上,你要做的是分享这些感受,分享这些曾经在你心里翻腾过的真情实感,这样的演讲才能给人"真"的感觉,才能让观众的情绪随着你的情感变化而心潮起伏。

曾任英国第八集团军司令的蒙哥马利将军在离任时发表了感人至深的告别演说。据将军回忆,与将士们告别是"最难的事",当时心情异常激动,难以平静。他在致词时饱含深情:

"在这里讲话很易激动,但我努力控制自己。如果说不下去时,请你们原谅。

"我实在很难把离别之情适当地向你们表达出来……(别后)我对你们的思念……实非言语所能表达。

"司令官与他的部队之间的相互信任是无价之宝。

"我激动得说不出话,但我还是同你们说……"

蒙哥马利将军的情感感染了场下的所有官兵,他们的脸上都流下了泪水。

如果你要做一次演讲，那么不妨跟观众们分享一次你生命中感动的时刻，即便你不懂太多演讲技巧，也能打动观众们。因为你已经在分享之前打动了自己，证明这样的故事有着打动人心之处，并且加之你充满感情的讲述，一个好的演讲就出现了。

真诚坦率地表达内心

当你害怕的时候，担忧的时候，没有安全感的时候，掩饰和假装只会阻碍交流。坦率一点，表达出来，反而让沟通更加顺畅。

梅格·杰伊的 TED 演讲《二十几岁应该如何度过》人气极高，她是这样说的："我 20 多岁的时候，见到了我的第一位心理诊疗的客户，那时我是伯克利大学临床心理学的博士生，她是一名 26 岁的女士，名叫亚历克斯，第一次诊聊时她穿着牛仔裤和宽大松垮的上衣走进我的办公室，一屁股坐在沙发上，踢掉她的平底鞋，然后告诉我她要谈谈男人的问题。听到这我大松一口气，我同学的第一个客户是个纵火犯。而我的是个 20 多岁的姑娘要说男人问题，我想这我肯定应付得了，但是我没有。对于亚历克斯带来的有趣故事，我所用的缓兵之计，很简单，就是点头应和。"

生活中，有许多人经常隐瞒自己不知道的事实，不懂装懂，冒充很有学问的样子。为什么那么多人不能坦率地承认自己不懂，或者做不到？美国康奈尔大学的心理学家研究后认为，大部分人不懂装懂是为了掩饰自己的无知。当然，还有大部分人不懂装懂是为了面子。其实，承认自己做不到，相比卖力假装，更能赢得别人的尊重。

真诚坦率的表达，不需要多么华丽的技巧，也不需要多么精致的辞藻，只需要表述事实，就能敲开观众的心。

西蒙妮·吉尔茨在《为什么你应该做无用的事》中，多次坦率地表达了自己的情绪和想法。

比如，她说："人们总是说当在舞台上紧张的时候，就假想观众都没穿衣服。说的就像这真能让你感觉好一点。但我一直在想——在2018年，想象你们都没穿衣服实在有点不太对啊。"

在讲到因为不喜欢刷牙，制造了一个自动刷牙的"牙刷头盔"时，她说："10位牙医中，有0位推荐了我的牙刷头盔，它肯定算不上是颠覆牙医界的伟大发明。"

在讲到自己无论初中还是高中成绩一路拿的都是A，直到毕业都是名列前茅的，但却患有严重的表现焦虑。她甚至把当时写给哥哥的一封邮件内容展示了出来，"你不会明白，光是告诉你这件事，对我来说有多难堪。我不希望人们觉得我是个傻子。我现在居然还开始哭了。真讨厌啊。"其实，这件事仅仅是自己数学测验拿了B。

坦率真诚地表达，就是不怕露丑，不担心被人嘲笑，开诚布公地用事实做出回应。

美国前总统尼克松曾在政治上出现严重的危机——当他为竞选奔忙时,《纽约时报》却抛出抨击他在竞选中秘密受贿的文章。舆论界一片哗然,尼克松的压力也越来越大。使他化险为夷的奇迹,是他做了一次震撼美国的演说。

当时,他被迫在电台发表半小时讲话。在全国镜头面前,他采取了一个罕见的行动,把自己的财务史全部公开,从自己的家产,一直谈到他的欠债。紧接着,他详细说明自己的经济收入情况,连如何花掉每一分钱都告诉观众。他还告诉大家:"这次竞选提名之后,确实收到一件礼物,那就是得克萨斯州有人送给我孩子一只小狗。"当他讲完时,到处都响彻欢呼声。

奥巴马竞选总统时,与竞选对手希拉里相比,他还是个政坛新人,缺乏经验,他同样也没忙着掩饰自己的薄弱点,通过各场演讲将自己的心愿以及想法传达给观众,让大家不禁喜欢上了这张直率坦诚的新面孔,这样一来,奥巴马反倒具有了"优势"。

相较于那些面对问题遮遮掩掩含糊其词的人来说,坦率更能迅速而长久地赢得大家的好感。当然,坦率也需要艺术,它既不是口无遮拦,也不是简单地表白,要有侧重、讲方法,把握时机。那么,我们该如何运用这一说话技巧呢?

不掩饰自身的弱点

英国作家哈尔顿曾问达尔文:"您主要的缺点是什么?"达尔文回答:"不懂数学和新的语言,缺乏观察力,不善于合乎逻辑地思维。"哈尔顿又问："您的治学态度是什么？"达尔文又答："很用功，但没有掌握学习方法。"听了这些直接的回答，哈尔顿连称佩服。

一是一，二是二，把自己的缺点毫不掩饰地袒露在人们面前，这种说话技巧，换来的是别人真挚的信赖和尊敬。

用平实的言语说话

平实的话是朴实无华的，但它被说出来，虽然直接，却也最感人。有家电视台播放过一个节目，中国女足在世界杯足球赛上获得较好名次后，有记者向运动员提问："你们此时的心情如何？是怎么想的？"一位女足运动员不假思索地回答："我想最好能睡三天觉！"

这样的回答真有点出人意外，但它质朴，全场顿时爆发出一片赞许的笑声和掌声。如果这位运动员"谦虚"一番，讲一通"我们还有很多不足"之类的话，或许就不能产生如此强烈的反响了。

亲身体验过才能有感而发

有个词叫感同身受，说的是对于别人的经历感觉就像是自己亲身体验过一样。其实这个世界上根本没有真正的感同身受，只有你亲身体验过，才能产生最真挚的情感。由此有感而发的感受,也才更令人动容。

卡梅伦·拉赛尔是个内衣模特,她的 TED 演讲题目是《外表不是全部》。她先是介绍了自己是一名模特,而且在这一行业里待了 10 年。她说:"今天我站在这里因为我是个模特,是因为我是一个漂亮的白种女性,在我们业内我们被称为'性感女孩'。"

接下来,她就过去经常被问的问题予以回答。

比如人们常问"他们会修照片吗?"她的回答是:"是的,他们会修所有的照片,但这只是工作的一小部分。这是我的第一张模特照片,那是我第一次穿比基尼。"她放出一张看起来成熟、性感、诱人的照片,虽然她说自己那时还没来月经,但照片完全不是那么回事。然后,她又放出另外一张和祖母一起穿着泳衣的合影,看起来要朴实得多。

她还分别放出了在拍摄《法国时尚》前几天的一个睡梦派对上的照片,在足球队和《V》杂志上的照片。看起来每一张都精致得无可挑剔。但她说:"我希望你们明白,你们看到的不是我的照片。它们是建筑,是由一群专业人士,发型师、化妆师、摄影师和造型师,以及他们所有的助手,经过前期和后期制作,建造出来的图像,而不是我。"

对于"你能得到免费的东西吗?"她的回答是确实有很多。从生活中免费得到的,却是她不愿意谈的。比如,有一次,她去逛商店却忘记了带钱,他们送了她一条裙子。十几岁时,和朋友一起开车,朋友是个糟糕的司机,闯了红灯,被要求停车。她只说了一句:"抱歉,长官。"于是,她们就继续上路了。她说:"我得到这些是因为我的外表,而非我的身份。"

最后一个问题是"当模特是什么感觉?"如果是在后台,她会给出这样的答案:"能到处旅行,和有创造力、有激情、灵感不断的人在一起工作很棒。"但实际上那只是事实的一半,另一半是:"我们永远不会在镜头前说的是,我永远都不会说的是'我没有安全感',因为我每天都必须担心我看起来怎么样,如果你也曾经这样想过——如果我的大腿更瘦、头发更好,我会更开心吗?你只要去看看模特就知道了,因为她们有最瘦的大腿、最漂亮的头发,最酷的衣服,而他们可能是世界上最没有安全感的女人。"

世上没有真正的感同身受,只有冷暖自知。如同鲁迅在《而已集》中写的那样:"楼下一个男人病得要死,那间壁的一家唱着留声机;对面是弄孩子,墙上有两人在狂笑;还有打牌声,河中的船上有女人哭着她死去的母亲……人类的悲欢并不相通,我只觉得他们吵闹。"

针扎在自己身上,才知道有多疼。只有自己亲身经历过、体验过,感受才更为深刻。为了表达更有感情,我们可以摒弃那些道听途说的内容,尽量选择自己经历过的。

奥巴马曾在《我的教育,我的未来》的演讲中说:当我还只有两岁大时,我父亲离家而去,我是由一位单亲母亲抚养大的。

那时，我母亲为支付生活中各项费用而拼命挣扎——她必须工作。她虽然日夜操劳，为家庭各种收支而奔忙，但也不一定能给我们其他孩子都有的东西。有时，我多么渴望在我的生活中有位父亲啊！

奥巴马的这席话也是在谈及成才背景时有感而发，却令无数人为之动容，大家深切地感受到，这位被称为"总统"的人，也不过是从身边走出去的苦孩子。

回想起自己的竞选之路，奥巴马无比感慨地说：我永远不会忘记我的旅程开始于芝加哥的街道上。我那时和你们现在所做的一样，组织、工作、拼搏着，就为了让人们的生活可以过得好那么一点点。我知道这有多难，睡眠不足，酬劳很少，牺牲很大。那是充满失望的日子。

感受是我们内心深处，最深刻的那股力量，它是悲伤的来源，也是喜悦的来源。是一颗敞开的心，在生活中体验和感知后，沉淀出来的细腻和深刻。这本是很私人的感情，但它因为你饱含真诚和真情，所以更具魅力。

但由于从小不被允许，比如"自己没考好，有什么好哭的？""过年了，不高兴，也不要表现出来"，所以我们慢慢习惯了封闭内心，只说看起来没错的话，而不擅长表达内心的这种感受。现在，我们需要做的是唤醒自己的感受力，并勇敢表达出来。就像内衣模特卡梅伦·拉塞尔一样，只要你愿意诚实面对自己，说出来，并不难。

自爆弱点，迅速建立情感关系

心理学上有个词叫哀兵效应，原意是指在竞争中的某一方有意识地摆出弱者姿态，使人们出于同情等给予支持和帮助。比如，在一些政治选举中，很多候选人都会扮成弱者去博取同情，进而获得更多选票。同样，在演讲和谈话的开头，也可以通过自爆弱点，迅速建立与观众的情感联系，获取更多关注。

吉尔·泰勒是美国神经解剖学家，哈佛医学院毕业博士，她的 TED 演讲这样开头："我投身于精神疾病方面的研究，是因为我的一个弟弟被诊断大脑功能紊乱，用专业点的说法就是精神分裂症。我作为他的姐姐，非常想了解，为什么我可以将现实与虚幻区分开，以及如何去实现把梦想变成现实。而我的弟弟却分不清大脑里虚构出的现实和真实的世界，也无法实现他的梦想。我弟弟的大脑到底是怎么了？"

吉尔·泰勒在开篇自爆她弟弟患有精神分裂症，并借此提出了与主题相关的问题。她自身的事例，自然成为吸引观众注意的一个焦点。紧接着她又提出了"我弟弟的大脑到底是怎么了"，即精神异常的人大脑到底与正常人有什么区别？这个问题仍然是观众感兴趣的。至此，吉尔·泰勒用 1 分钟完成开场白，使得观众迅速集中精力，并且对主题有了较清晰的认识。

倘若时时以高姿态示人，处处咄咄逼人，自然会令听者产生一种逆反心理。人们天生具有同情弱者的心理，适度的示弱，恰恰是一种谦恭，给人朴实和气、平易近人的感觉。

著名外交家吴建民先生初到法国当大使时，在一次演讲中是这样开头的：

"虽然我在大学里学的是法文，但我从来没有在法国工作过。比起我的前任蔡方柏大使，我有很大的劣势。蔡大使前后在法国度过了 23 个年头，当了 8 年大使。而我在此之前，到法国的各种出差加起来不到 23 天，我不了解法国，非常需要大家的帮助……"

吴建民先生话音未落，台下就响起了雷鸣般的掌声，这掌声很大程度上是送给他的谦虚和示弱。他就这样在第一时间拉近了与观众之间的距离，赢得了观众的好评。

要让示弱发挥积极作用，需要选择示弱的内容。比如，地位高的人在地位低的人面前，不妨展示自己学历不高，经历曲折坎坷，经验不足等，以表明自己和普通人无异；专业上有一技之长的人，可以宣布自己对其他领域一窍不通，在生活方面出过的糗事、受过的窘迫等，让人觉得人人都有长处和短处，达到心理平衡；成功的人要多在别人面前展示自己失败的记录和现实的苦恼，给人"成功不易""成功者并非没烦恼"的感觉；薪水较高的人，可以适当倾诉自己健康欠佳、子女成绩堪忧等，给人"家家有本难念的经"的感觉。

示弱有时候更像是自嘲，以己之短，补人之长，往往能收到奇效。

有一次，知名学者司马南应邀到云南大学做演讲。在他演讲之前，何祚庥、陆佑楣、方舟子、张博庭四位社会名流已经演讲完毕。司马南的开场白是这样的：

"以上四位分别就有关怒江水坝的话题进行了演讲，讲得都很精彩。何祚庥、陆佑楣两位分别是中国科学院院士、中国工程院院士，方舟子是生物学博士，张博庭据我了解是硕士。我是什么'士'你们知道吗？——我，啥也不是！"

下面笑声一片，演讲的气氛瞬间被点燃。接着，他又以云南大学门口广告牌上面写着的"司马南，著名学者"，调侃自己"我得附加声明：我这个学者，跟他们的那个学者是同一个'学'字，不是同一个意思。他们是'学有所成'的'学'，'学有专长'的'学'，'学贯中西'的'学'，我的'学'字，只是表示司马南还比较爱学习的意思……"

前面四位，都是响当当的人物，演讲必定很精彩，如果司马南没什么特别的"高论"，观众立马就会感觉疲惫，甚至不耐烦。司马南先生则巧妙地将自己与前面四位名流进行对比，从学历到称谓，故意自我"贬低"了一番。尤其是对学者中"学"的独特解读，幽默中饱含智慧，让人耳目一新。

在演讲开头恰到好处地示弱，不但可以使自己摆脱尴尬、脱离窘境，而且还能有效地促进演讲者与观众之间的了解与沟通，超出预期的效果。

示弱不仅是一种修养,更是一种语言技巧。演讲中懂得示弱,才能赢得满堂彩。

● 不回避,说真话的魅力

"直言不讳",从古至今都是美德。倘若每个人都保持沉默,那集体就永远只有一个看法,我们离"真理"也会越来越远。TED 是注重内容的一个舞台,很多演讲者都具有非凡的勇气,面对一些歧视、不公等社会现象,他们都会直言出自己的想法,这也是 TED 的魅力所在。

贾克森·凯兹站在台上,看上去有些迫不及待,用快速地话语说道:"今天我要与你分享一个看待性别暴力的全新视角,家庭暴力、男女关系暴力等,我将这一系列问题简短称为性别暴力问题。这些问题通常被看作需要男性帮助解决的女性问题,但是我觉得这个看法有问题,我不认可它,我不认为这是一个需要男性助阵的女性问题,我认为本质上这就是男人的问题。"观众鼓掌。

贾克森·凯兹的直言不讳还没有结束,他继续说道:"将暴力问题归结为女性问题是不对的,首先这给了男性一个不关注的借口,对吧?很多男人一听到这四个字都会觉得'嘿我是个男人,这是女孩子的问题'……事实上我们假装自己是透明人,虽然这些都是与我们自己有关的问题,令人吃惊的是这种'无视心理'在家庭暴力中扮演的角色,男人的角色变得可有可无,这明明就是主要关于他们的问题……"贾克森从人们习惯于责备受害人这种心理开始分析,举了大量例子,毫不遮掩他的话语。

台下观众坐着来自世界各地的成年男性、女性,贾克森上台后没有丝毫扭捏,指出这些问题其实是男人的问题,指出很多男性对该问题的漠视,更指出这是社会的问题,他跟大家分享自己的观点,给人很直爽的感觉,观众们也喜欢这种直爽,这才是一场酣畅淋漓的演讲。

直爽、不遮遮掩掩的演讲是会给人一种"流畅"的体验的,也就是演讲从开头到结尾具有很好的流畅性,不会出现"欲言又止"这种情况,一旦你欲言又止,观众们就会下意识地觉得你还有一些更深层次的话没说,对你产生不信赖感。

这里讲的不遮掩、不回避的直爽不是让你口无遮拦,站在众人面前什么话都往外说。如果你要讲一些敏感的问题,一定要在准备演讲稿的时候就搞明白该说什么、不该说什么,不要站在台上猛然想起来某句话不合适,这样就会出现"支支吾吾"的情况,让你的演讲效果大打折扣。

真正好的语言是干净、符合逻辑、准确、客观的,当你在做流畅的演讲时就不应该出现"扭捏""欲言又止"这种状态,还要兼顾到说出的话语能否被人所接受。被人称赞直爽与让人厌恶的口无遮拦其实只有一步之遥,这一点是非常值得注意的地方。

第八章

变干巴巴为鲜活生动

● 细节描写,制造出立体的画面感

所谓细节描写就是将最细微的部分放大,比如一句话、一处景、一个表情、一个动作,都用特写镜头放大。通过准确、生动、细致的描绘,使读者"如见其人""如睹其物",看得清清楚楚、真真切切。

汉娜·布伦雪尔在 TED 演讲《给陌生人的情信》中讲述的是,自己的妈妈由于不信赖电子邮件、社交网站、短信,甚至电话,而永远是手写信给她。于是,在别人享受更快捷的通信方式时,她只能从妈妈的家书里了解家人是怎么度过周末的。她说:"在祖母住院期间,我也只能通过母亲手写的有点潦草的只言片语来了解情况,这真让我抓狂。"

而当她大学毕业留在纽约,遭遇人生低谷时,她能想到的唯一的事是写信。她说:"就像妈妈给我手写家书一样,我也给遍布全城的陌生人写信。十多封十多封地写,我把它们留在城市的各个角落,咖啡馆、图书馆,甚至联合国总部,到处都有。"

然后,一夜之间,她的邮箱成了心碎故事的港湾。越来越多人希望她给他们写一封情书。于是,她推行了这样一个国际组织,在陌生人需要的时候,给他们写一封情书。用手写,而不是电子邮件。

她说自己昨天提着这样一个邮箱坐地铁，有个男人盯着她好像在问："你怎么不用网络？"她想"先生，我不是军事家，我也不是专家。我只是个说故事的人。"

接着她讲了几个很生动的小故事：一个女人的丈夫刚从阿富汗归来，她不知道该如何开展对话，所以她就把这些情书藏到屋子的各个角落，作为一种方式，说"回到我身边，随时来找我谈谈吧。"

另外一个女孩决定把情书放在她所在学校的校园各处，第二天发现她的心思引起了涟漪效应。她走进广场的时候发现情书挂在树上，藏在灌木丛中，长凳上也有。

她说："这些手写信件永远都不需要讲究时效，因为它现在就是一种艺术形式，它所有的一切，署名、手写体、邮寄、页边的涂画都是艺术。事实上仅仅是有人会真的坐下来，摊开一张纸，花一天时间想念一个人，注意力是如此地集中，甚至不知道浏览器开了，手机在响，有六个对话框在同时滚动，就说明写信是一种艺术形式。"

好的文章往往有着丰富而生动的细节描写，同样，这也是一篇动人演讲所需要的。尤其是讲故事，更需要大量的细节来支撑。一旦我们对于细节匆匆掠过，就会发现整个故事非常苍白无力，观众的情绪还没有被调动起来，我们的故事就已经结束了。而细节能够帮助我们丰富情感，最大限度地还原当时的场景，制造出立体的画面感。

讲故事也像拍电影那样,有些地方要用"慢镜头",多费些笔墨唇舌;有些地方需要"特定",要进行极为详尽的描述;有些就要根据会场情绪进行增删。你要多刻画细节,靠生动的事实和细腻的心理剖析打动观众,感染观众。

霍莉·莫里斯站在 TED 台上,她演讲的题目是《为什么要留在切尔诺贝利?因为那里是家》。

切尔诺贝利是世界上最可怕的核意外的地点,几十年来,被称为禁区。霍莉·莫里斯当时在距离切尔诺贝利第四号核反应炉大约一百码外的地方,在那里播报世上最严重的核灾事故。那次核灾难所释放的辐射量大约是投掷在广岛原子弹的 400 倍,她当时只想快速完成工作,然后离开那里。

但当她望向远方时,竟然看到有农舍升起炊烟。她很惊讶,竟然还会有人住在这里?要知道,这里可是地球上受污染最严重的地区之一。

后来,她了解到,在那次意外之后,有 200 人留了下来,大多是女人。她们为什么要回到这么容易致死的地方,霍莉·莫里斯讲道:"她们不愿意因为这个看不见的敌人而离开,他们回到自己的村庄去,被告知会在短期内生病、死亡,但是过了五年快乐的日子,他们理所当然地认为这好过十年被困在基辅郊区的高楼里,这总好过被迫离开他们父母和孩子的坟墓,还有鹳鸟在春天午后翱翔时的吟唱声。"

很多细节也许会像路边的野草一样，不被人注意。但总有一些细节会烙进听者的记忆，打动他们，甚至改变他们对演讲观点的看法与态度。

我们可以采用感官的表达方式来刻画细节，所谓的感官就是常说的五觉，视觉、听觉、嗅觉、味觉、触觉。就是在讲故事的时候，讲你听到的，看到的，闻到的，吃到的，和感觉到的，把自己的感官感受描述出来。

比如，你在描述煎鱼的时候，说："油热了，把蒜末、葱段、姜片、花椒等放进去，一瞬间嗞嗞嗞的声音在厨房炸裂开，随着一股烟雾升腾起来，香味已经飘满了整个厨房。把火关小，开始煎鱼，一面煎成金黄色后，换另一面……"这里面就涵盖了大量的感官描写，所以很有画面感。

此外，还有空间觉、时间觉等，都能作为刻画细节的切入点。

● 现场示范，让表达更清晰准确

如果我们教一个人使用手机或者电脑，单纯用语言描述，恐怕要费很大力气，对方也不一定能听明白。但如果示范一遍，对方就很容易领会到。同样，在演讲中，在现场做一些示范，能让表达更清晰准确。

英国神经认知科学家格雷格·盖奇在 TED 上讲述自己的观

点时,将自制的神经科学仪器带到了TED现场,并请出了两位志愿者参与互动,为观众展示了如何通过一个人的大脑意见,去控制另一个人的手臂动作。让观众对神经科学有了一个全面的了解,也向观众展示了神经科学的力量。

当时,他向两人比画道:"当你这样动你的手时,你的脑会传递信号到你这里的肌肉。我要请你也移动你的手。"当对方照做后,他告诉大家,人的大脑会送信号到自己的肌肉上,而那里有一条神经,它会牵动我们的三根手指。而且,这条神经离皮肤非常近,所以我们可能可以直接刺激这条神经。

这样,人们就可以复制一个人脑部向手臂传送的信号,然后注入别人的手臂。如此,一个人的手,是能在别人的大脑命令自己的手运动时,跟着一起运动。也就是说,这种方式会让人们失去自己的意志力,让我们无法再掌握自己的这只手。

接着,格雷格·盖奇又让志愿者配合他,来启动这种"人传人"的界面。他讲道:"你的脑控制着你的手臂,而且也控制着他的手臂,所以你再用力一次试试看。好了,非常完美。"示范成功了。"这是全世界都在发生的事——电流生理学!我们准能掀起神经元革命了。"格雷格·盖奇说道。

运用现场演示,一方面可以让演讲内容变得更加直观、形象、易懂,更好地帮助观众了解故事主题。另一方面,还能在一定程度上增加趣味性,有效激发观众的兴趣。

阿波罗·罗宾斯,以表演扒窃为职业,被誉为世界上最伟大的扒手，并与神经学家合作研究了人类注意力的本质。当他站在 TED 台上向观众讲述关于"如何盗窃"的话题时，就与观众们来了一次深刻的互动。

首先，他通过诙谐风趣的语言，使观众频频鼓掌。然后，只见他一步步走到观众席上，邀请了一位观众上台，宣布要当众展示一番"盗窃艺术"。顿时，现场沸腾了。

阿波罗·罗宾斯一边对那位嘉宾说："来看看我能不能控制你支配自己注意力的方式，看看我能不能通过干扰来窃取你的注意力。"一边让他转过身去，进行示范。最后，两人完美地演示了阿波罗理论的正确性。

那么，我们具体要怎样做，才能更好地借助现场示范，让故事更准确地传达呢？

现场示范可以运用到故事的开头、过渡和结尾

我们在讲故事的时候，可以根据故事的需求，选择最佳的讲述时机，通过现场示范将故事中的观点准确地传达给观众。

比如我们可以在故事的开场中巧妙示范，亮出自己的故事主题观点，抓住观众的好奇心，吸引观众的注意力。或者，我们也可以借助示范举例过渡，让观众自然而然地接受故事的内容，同时强化故事主题。又或者，我们还可以在故事的结尾做示范，给观众留下难以磨灭的印象，并升华故事主题。

现场示范要做到动作清晰、讲解详细、立体呈现

如果我们准备在故事中加入现场示范环节，那就要在事先多加练习，确保示范动作的清晰和简约，避免添加一些不必要的、多余的动作，以免扰乱观众的视线。在进行现场示范的时候，我们也要及时用恰当的语言对示范进行说明。这样，观众才能更加清晰地明白我们要表达的意思。

除此之外，在进行现场展示的时候，我们的站位也很重要。一般情况下，为了让现场示范能够更加立体地呈现在观众面前，我们不能阻挡住观众的视线，也不能让自己的站位挡住道具。因为这很可能会影响到示范的展示效果。

如果现场示范需要观众的配合，我们还要注意对整体示范过程的控制，以免引起场面的混乱，使现场变成难以收拾的"烂摊子"。

● 巧用比喻，让语言色彩"靓丽"

著名作家秦牧说："精彩的比喻像是童话中的魔棒，碰到哪儿，哪儿就发生神奇的变化。"比喻运用得当会给你的演讲锦上添花，让人过耳不忘。

营销大师赛斯·高汀在 TED 演讲中，表示在一个选择太多而时间有限的社会中，我们自然会对很多东西视而不见。

为了表示这一观点的正确性，他特意举了这样一个例子："比方说，你在路上开车，看到一头奶牛，你还是会继续开车，因为你早就见过奶牛了。奶牛司空见惯、平淡无奇。谁会把车停在路边，对其他人说：'哦！快看，一头奶牛。'谁也不会这样做。可要是这头牛是紫色的，你准会盯着它看一会儿。当然，如果所有的牛都变成紫色，你同样会感到无趣。"

比喻就是打比方，用浅显、具体、生动的事物来代替抽象、难理解的事物。比喻的构成包含两个成分，一个是所描绘的对象，即被比喻的事物，称为"本体"或"主体"。另外一个是用来作比的现象或事物，叫作"喻体"或"客体"。比喻不能高深莫测，喻体越浅显易懂，越生动具体，越容易让人理解和接受。

亚当·斯宾塞是喜剧表演家，同时是位数学怪才。他在 TED 演讲《为什么我爱上了庞大的质数》中说："任何对数字感兴趣的人，都知道启蒙越早，印象越深。"然后，他讲了自己在小学二年级时，当时的罗苏女士，在将近午餐时对着全班说：'嗨，二年级的同学们，你们午餐之后想做什么？"那是一个民主教学的实践，但那时亚当·斯宾塞和他的同学才 7 岁，所以提出的午餐后活动有点不切实际。

有人提出了一个特别傻的建议，罗苏女士引用一个谚语温和地拒绝了他："那是行不通的，就像是让方枘穿过圆孔一样。"

亚当·斯宾塞当时没想着耍小聪明，也没想着显得风趣，只是礼貌性地举起手，当着所有二年级的同学说道："但是老师，如果方枘的对角线小于圆孔直径，那么方枘是很容易穿过圆孔的。那就像让一块烤面包穿过篮球圈一样，不是吗？"

比喻更要形神兼备，比喻要求对比的两个事物不仅要有外表的共同点，还要有内在特质上的相似点，这样比喻才会恰到好处。如已故功夫巨星李小龙面对媒体时曾这样阐述他的功夫哲学："放空思想，透明澄清、无定形，像水一样，水可以流动，可以凝固，它最柔软，也最坚硬，像水一样吧，我的朋友。"比喻能使人产生联想和想象，也能够生成幽默。

雷尼·格里森的 TED 演讲十分有趣，他说："今天我想给大家讲一个关于'404 找不到页面'的故事，以及我们从中学到的经验和教训，但在开始之前我们最好来了解一下，到底什么是 404 页面。这就是 404 页面，它是在浏览网页时一种很让人崩溃的体验，它是当你点击某网页却无法找到时，所显示的默认页面。大家回想一下，当你点出一个 404 页面时那种心里的崩溃感，就像被女朋友甩了一样不爽，但是也有一个问题值得我们思考，就是 404 页面究竟是从哪里来的？

"事实上它只是一系列错误代码中的一个，这里还有好多其他错误代码，当我仔细研究过后，我发现它们就像性功能障碍治疗医师的检查单一样，一条一条越往下看，越是奇形怪状。

"这可不是什么好体验，你本来感觉是这样的，周围风景如画，有独角兽在跳舞，天上有彩虹，这个时候突然冒出来一个 404 页面，感觉就像啪的一下被人打了耳光。就好像你走进星巴克买咖啡，柜台后面站着个小伙子，你想买黑咖啡却没有，你问他能给你一杯黑咖啡吗，小伙子从柜台出来，结果你发现他没穿裤子，这时候你的感觉肯定是：'天啊，我可不想看这个！'"

王尔德说:"第一个把花儿比作姑娘的是天才,第二个把花儿比作姑娘的是庸才,第三个把花儿比作姑娘的是蠢才。"这就意味着比喻要新颖,要勇于当"第一个",不要总是"年轻人是早晨的太阳""未来之帆已经扬起"等等,学会比喻出自己的特色,这样才会让演讲别开生面,更加充满蓬勃的生机。

比喻是增加语言色彩的好方法,但比喻不是越多越好,不能为了比喻而比喻,不能把一句话说得玄之又玄,不自然的比喻会让观众们觉得矫揉造作,所以最好的比喻就是自然贴切,如行云流水一般展现出来最好。

对比,营造奇妙的反差感

对比在文学作品、影视作品中非常常见,多用来造成极强的视觉冲击力。在演讲中也同样如此,一个强烈的对比,能够产生奇妙的反差,让人印象深刻。

蒂姆·尔班在 TED 演讲《你有拖延症吗》中,将自己写论文的过程和别的同学写论文的过程进行了对比。

他说:"当一名普通的学生写论文时,他们也许会像这样,把任务分摊开。所以,你明白,开始可能有点慢,但是一个星期过后已经写了不少,接下来有时写得更多一些,最后一切搞定,事情不会搞砸。"他做了一张图,第一个台阶有少部分的蓝色,中间的台阶高了一些，最后一个台阶又高了一些，表示写论文的三个阶段。

然后，他说："我也想这样。至少我的计划是这样。我准备好开始，然而，事实上，到写论文的时候，我是这么做的。而且每次写论文都这样。"他又放了一张图，表示自己写论文的过程，前面全是空白，最后是一个高到顶的长柱。

对比并不是一种语句上的修辞，而是一种结构上的技巧，它可以使你的演讲变得感染力十足。对比并不是说举几个类似的例子，那叫类比；对比的意思是用反差极大的例子来进行"碰撞"，产生非同寻常的效果。

对比一般用来形成极大反差而突出演讲主题。也就是说列出两类既有关联又有本质区别的人或事物，在演讲过程中用对比的方式不断进行前后照应，不断地形成反差，一个高一个低，或者一个明亮一个黑暗。

著名作家王蒙在暨南大学做的演讲《语言的功能与陷阱》中说道："阿Q怎么求爱呢？他突然一天晚上就给吴妈跪下了，然后他说：'吴妈吴妈，我要和你困觉！'哎呀，然后呢吴妈就哭，要抹脖子上吊，然后大家就都认为阿Q干出了毫无人性、违反道德、不守规矩、伤天害理的这种事情，阿Q没有写检讨是因为他不识字，但是他表示了检讨之意，而且还赔了钱，把一年的工钱都给了吴妈，而吴妈却一直在那里哭、哭、哭。"

听演讲的人都看过原作，明白王蒙所说，但是都不明白他提及这一点是为了什么，更想不通跟演讲主题有什么关系。

王蒙接下来就解答了这个疑惑：如果阿Q能够到咱们中文系上两节课，能来这儿听讲座，他就绝对不会用这种话了！如果他读过徐志摩的诗呢？那么他见到吴妈就会说："我是天空里的一片云，偶尔投影在你的波心——你不必讶异，更无须欢喜——在转瞬间消灭了踪影。你我相逢在黑夜的海上，你有你的，我有我的，方向……"嘿，他可能就成功了！

观众们都大笑起来，觉得还挺有新意，实在想不到阿Q跟徐志摩放在一起会是什么样子。

王蒙所使用的是通过"重塑"或者重新演绎经典的方式，把完全不同的人物放在同一个背景里进行对比，运用得很巧妙。要注意，经典可以颠覆，但是不要为了哗众取宠而刻意颠覆经典。最好是通过自己的观察发现，找到新的观点，再给观众展现出来，这样的演讲自然显得非常与众不同。

2003年，汉斯·罗斯林的TED演讲《用好方法诠释数据统计》几乎像解说体育比赛一样，赋予了枯燥的数字以生动的力量。

"在我们的卡罗林斯卡医学院，我开设了一门本科生课程，叫全球健康。刚开课的时候我还有点紧张，因为来听课的都是瑞典大学的高才生，所以在第一堂课我做了一个测试。"

汉斯的测试非常有趣，他列出10个国家，两两相对，要学生们对比出每组中哪个国家儿童死亡率更高。他选择的每组国家的儿童死亡率都有两倍之差，也就是说差距非常大，并不是几乎不相上下让人难以选择的。

测试的结果更加有趣，汉斯说道："这是瑞典学生的测试结果，让我高兴的是平均5道题答对的只有1.8道，我还有必要教这门课。后来有天深夜我做总结报告的时候突然有了新的发现，那就是瑞典大学的优等生们对世界的了解还不如黑猩猩。"

屏幕上出现黑猩猩的测试结果，平均答对2.5道题。汉斯说："黑猩猩至少能蒙对一半，两个选项旁边各放一根香蕉，就有一半的答对概率。但是优等生们却做不到，这不是因为知识的缺乏，而是他们先入为主的观念。我还把这个测试拿去给卡罗林斯卡学院的教授们去做。"

大屏幕上显示教授们的答对率是2.4。"他们每年负责颁发诺贝尔生理学或医学奖，结果教授们跟黑猩猩半斤八两。"

这是数字上的对比，还有景色对比，比如："这是黎明前的无尽黑暗，但是下一刻，光芒万丈的朝阳将会升起！"这样也能制造出强烈的反差。但是你要注意侧重点，不要像下象棋一样，把两边都摆上"车马炮相士"，你要侧重你想表达的那一点，作为对比的反差简单讲述几句即可。

● 夸张一点，让语言更鲜活

夸张的手法能让一些抽象的概念具象化，让语言更生动、形象。演讲的夸张用一种"言过其实"的方式来突出事物特质，强化思想情感,加深心理印象,从而引发观众丰富的联想。

年轻的艺术家希洛·西瓦·苏尔曼在 TED 演讲《用科技来实现梦想》中运用了多种夸张的手法。她展示了 iPad 上的应用程序"Khoya",她在新的故事书里带领观众在一个充满了单纯想象力的魔幻世界里漂浮。

当现代科技越来越多地实现了过去魔法中才有的可能,苏尔曼说:"我们得到的结论就是魔法被机器代替了。这令我感到伤心,我发觉自己有点像个技术恐惧者,我对这种想法感到恐惧。我将会失去欣赏日落的能力,在没有相机、没有和我的朋友们的社交网络的情况下,觉得科技应该实现魔法,而不是扼杀它。当我还是一个小女孩时,我的爷爷把他的小银怀表给了我,这个有 50 年历史的科技玩意儿,成了对我来说最有魔力的东西。在我的想象中,它变成了一个镀金的大门,带我通向一个充满了海盗、失事船只和丰富想象的世界。所以我觉得我们的科技让我们停止了梦想,它让我们失去了灵感……"

夸张既是一种修辞手法,也是一种独特的表现手法。它运用丰富的想象,在数量、形状或程度上加以渲染以增强表达效果。夸张的表现形式一般有三种:

夸大:故意把人、事、物往大、高、多、长、快等方面夸大,使其大大超过真实的样子。比如,某个剧组在拍戏时,经过一个地方蚊子非常多,别人直嚷"这里蚊子太多了!"其中一个人却说:"这儿蚊子确实太多,还没等到对面,我们都已经贫血了!"

缩小:故意把人、事、物往小、低、慢、少、短等方面缩减,使其远远小于现实。比如"这间房子只有巴掌大""他的心眼儿比针眼还小"等。

超前夸张:在两个事物中,故意把后出现的事情说成是先出现的,或者同时出现的。比如,"看到这些绿油油的禾苗,我仿佛就闻到了大米香甜的味道。"

夸张的手法不只是语言,还可以在服装造型上夸张一些,但是这一点要慎用,一定要跟你的演讲内容完全贴合才可以,或者你需要那么一件夸张的衣服才能更好地阐述主题才行。还要注意的是,在事实上不能夸张,当你讲述一些数据、事实、理论的时候,不能有丝毫的夸张,你可以在一些形容词上面稍稍夸张,这样才能显得得体。

正确恰当地使用夸张,有利于突出事物的本质特征,不似真实,胜似真实,让人产生联想和想象。同时,也可以生动地表现出感情的强弱,从而引起观众的强烈共鸣。运用夸张手法,需要注意以下几点:

有依据

夸张可以言过其实,但必须要有依据。要以客观事实为基础,对人或事物的特征要进行合情合理地渲染,否则就失去了真实感。

新颖

"第一次把美人比作花儿的是天才,第二次把美人比作花儿的人是庸才"。运用夸张要力求新颖，不落俗套，不要抄袭或简单地模仿、套用。

要明确

模仿要让人一看就知道是"夸张"，例如：说"白发三千丈"，就是典型的夸张。如果你说"白发三尺长"，就很难让人弄懂是夸张还是事实。

最后，需要注意的是，使用夸张法时应掌握分寸，不要夸张过分，否则效果会适得其反。

说观众听得懂的话，避免晦涩

肯尼亚医学研究所的疟疾免疫学家奥希尔，被邀请到TED谈谈自己的经验教训。她说，TED的团队在帮她准备演讲时，拿掉了演讲中所有的术语，直到每一张PPT内容都能够让观众看懂理解。

在《孔乙己》中，孔乙己一开口就惹人嘲笑，这是因为他说起话来"拽文弄墨"，让人半懂不懂。无论是演讲还是其他场合的谈话，依赖的都是听觉器官，关键就在于让人听得懂。

这就要求你在发言的内容上下功夫，以最通俗易懂的话，传播你的观点，体现你的主张。

杜克大学的心理学教授、行为经济学家、畅销书作家丹·艾瑞里在 TED 上对观众们说，自己曾开展一项有趣的研究，探索人为什么会做出可预测的非理性决策。而他之所以对这个课题感兴趣，主要源于自己的一次意外烧伤。

当时他严重烧伤，治疗期间，让他最为恼火的就是护士为他取下绷带的过程。当时，为他解绷带的护士用了整整一个小时来做这件事，让他承受了剧烈的疼痛，他请求护士延长时间，比如用两小时，护士却告诉他，那样只会更痛。为此，他还特意用图表，详细地向观众们解释了如何快速或缓慢地取下绷带。

之后，艾瑞里进入特拉维夫大学，开始研究如何为烧伤的病人取下绷带。他说："我发现护士的做法是错的。虽然她们都很善良，经验丰富，但她们的想法是错误的。那是因为我们在测量痛苦时，只考虑了痛苦的强烈度，而没有考虑它的持续性。如果把时间拉长，痛苦的强度就会降低，我受的苦也会减轻。"

有人说书面语和口语的最大区别就是，前者最后才被理解，而后者立即就能听懂。这大概就是说话和写文章的区别。比如，在口语中说："湖水泛起了一道道的水波"，而书中则可能说："湖水潋滟"，"潋滟"这个词很美，虽然人们也听得明白，但在日常生活中人们很少这么说。如果说话过于书面化，或故意在每句话中都夹杂一个复杂的成语、高级的典故，难免会给人以"做作"之嫌。

列宁说过："应当善于用简单明了、群众易懂的语言讲话，应当坚决抛弃晦涩难懂的术语和外来的字眼，抛弃记得烂熟的、现成的但是群众还不懂的、还不熟悉的口号、决定和结论。"要让对方听得懂,演讲者要尽量多讲通俗易懂的"大白话"。这样的语言是最为生动鲜活的,也是人人熟知的。

乔布斯的演讲向来通俗易懂,官话、套话、专业术语他都不使用,他的表达方式每个人都听得清楚、明白,而且会感到亲切。

比如,乔布斯在介绍苹果公司的产品的时候会说"令人惊讶""难以置信""棒极了"这样的形容词,这些形容词每个人都会在生活里说出来,在这一点上乔布斯并未试图跟观众拉开距离。

此外,"这是我们生产的最好的音乐播放设备""高贵的颜色""令人叹为观止的画质""你不能拥有真的让人遗憾"等等,这样的词语也非常浅显易懂,没有过于华丽的修辞,也没有古老的单词,只是简简单单的"高贵""最好的""美妙的",这就是乔布斯的说话方式之一。

有一些人说话喜欢堆砌术语,比如为别人讲解的时候讲出一大堆相关数据,搞得对方听不懂,一部分人是为了显示一种优越感,觉得对方听不懂时自己很优越。其实,这是本末倒置,通俗不意味着"俗",相反也可以说得很动听。

法国哲学家阿兰曾说过:"语句抽象总是糟糕的。你的句子里应放满石头、金属、桌子、椅子、动物、男人、女人。"意思很简单,你所讲的现象或者物品,大家越是熟悉,越容易理解。

1918年,著名经济学家马寅初应邀演讲,演讲中,有一位老农问他:"马教授,请问什么是经济学?"

马寅初没给他讲教科书上经济学的定义，而是笑着说："我给这位农民朋友讲个故事吧：有个赶考的书生到旅店投宿，拿出十两银子要挑最好的房间。店主立刻用它到隔壁的米店付了欠单，米店老板转身去屠夫处还了肉钱，屠夫拿着钱去找猪农还了猪钱，猪农马上去付清了赊欠的饲料款，饲料商赶紧到旅店还了房钱，就这样，十两银子又到了店主的手里。这时，书生来说房间不合适，要回银子就走了。你看，店主一文钱也没赚到，大家却把债务都还清了，所以钱的流通越快越好，这就是经济学。"

台下掌声雷动，老农也明白了经济学的作用。

说出来的话，谁也听不懂，那么也就失去了演讲的作用、意义和价值。这并不是要求演讲拒绝文采，好的演讲一定要有文采，但是这文采应该是接地气的，从群众之中生长出来的，不要用一种高高在上的姿态、拗口的句子、晦涩的词汇来演讲，那样只会让观众忍不住打瞌睡。

演讲者要尽量用最简洁真实、不过度雕琢的语言来表达自己的思想，传达自己的情感，给观众留下质朴真诚、亲切优雅的好印象。

第九章

每个细节都值得重视

手势的奇妙力量

芝加哥大学的博士戴维·麦克尼尔表示:"手势就好像是一扇观察思考过程的窗子,能够大大增强演讲者的演讲效果。"美国心理学家詹姆斯认为,在肢体语言中,手的表达能力仅次于脸。

在演讲中,手势有着不容小觑的作用。恰当运用,不仅可以加强口语的语势,补充口语的不足,还有助于增强演讲的说服力和感染力。

在 TED 舞台上,阿里安娜·赫芬顿做了《想成功?多睡一会儿》的有趣演讲,其中她多次运用手势,来强化自己的语言。

站在演讲台上,阿里安娜·赫芬顿边用右手把头发撩到耳朵后面,边说:"我的绝妙想法,实际上看似微不足道。"与此同时,她把右手放到胸前,大拇指与食指捏在一起,表示"微不足道",她说:"但是却能够激发层出不穷的绝妙创意。"

然后,她把双手的手指指向自己,说:"这些想法雪藏于酣睡时我们的大脑中,那么如何用我的想法使之释放呢?就是睡觉。"说着,她又把双手摊开,并微微屈膝,就像我们平时比画"床"一样。

接下来,阿里安娜又扬起右手从左边滑向右边,说:"在座的各位女士都是最优秀的人,但是也都曾饱受睡眠不足的折磨,我不断地思索着睡眠的价值,两年半以前我因为劳累而昏倒,头撞在了桌子上,下颌骨也骨折了,我的右眼缝了5针……"随着话语,她的手在做着动作,手摸向头、摸向下颌骨、摸向右眼。

试想一下,如果阿里安娜在演讲时,双手只是垂下来一动不动,肯定要逊色很多。所以,我们决不能忽视了手势语言的重要性。

演讲中手势的作用

手势语言是演讲者运用手指、手掌、拳头和手臂的动作变化,表达感情的一种体态语言。手势在演讲中的作用,一般有三点。

1.有助于重复语言信息。像我们说:"今天我要说的主要有三点。"同时举起三根手指。或者描述一个物体有多么长的时候,可以用我们的手比画出大概长度。

2.可以代替信息。比如当人群出现骚动的时候,我们不用说话,举起两个手掌做向下压的动作,便可以平息嘈乱的人群。此外,举起两个手指做成"V"字状,大家都能明白是表示成功的意思。

3.可以强调信息。讲话中包含的感情力度和强度,往往可以从手的动作幅度、位置、紧张程度等方面表现出来。比如当我们表示愤慨的时候,可以握紧拳头,并挥舞起来,而当我们表示要仔细思考的时候,一般都会挠挠头,等等。

演讲中手势的分类

1.按表达功能特点分

情意性手势:这种手势主要在演讲者表达强烈喜、怒、哀、乐时使用，表现方式丰富，感染力很强。

象形性手势：这种手势主要在演讲者模拟演讲中的人或物的动作、形状、体积、高度等时使用，常略带夸张色彩。

象征性手势：这种手势表达的含义抽象，多用来配合口语使用，引发观众的联想和思考。

指示性手势：这种手势动作简单，表达专一，一般不带感情色彩。主要用于指示具体事物、人物或数量，制造出真实感。

2. 按手势动作的活动区域分

肩部以上称上区手势。手势在这一区域活动，多用来表示祝贺、理想、喜悦、希望等。

肩部至腰部称中区手势。手势在这一区域活动，多用来表示叙述、说明等比较平静的情绪。

腰部以下称为下区手势。手势在这一区域活动，多表示憎恶、反对、鄙视、失望、批判等。

此外，还可以按使用单、双手分为单式手势和复式手势。单手做的手势叫单式手势，用双手做的手势叫复式手势。一般情况下，在肯定或否定、赞同或反对的感情比较强烈时，在会场比较大、人数比较多时用复式手势。当然前提是内容的需要，如果没有内容需要，哪怕会场再大，观众再多，也不宜用复式手势。

演讲中手势的使用

一些演讲者可能会比较头疼于手的摆放位置，有些人甚至会因此觉得自己的双手是多余的，根本不知道该如何处理。下面我们就来了解一下，在故事中需要运用手势的时候，我们该注意些什么。

机械化的手势更显得生硬。手势过于机械化，会让我们看上去像个机器人。另外，我们最好也不要去模仿任何大师的舞台动作、手势等。因为每个人都有不同的风格，刻意模仿会显得非常生硬。最好的办法就是找一面大镜子，然后自己对着镜子练习，从中琢磨出最适合自己的手势。

手势和语言要协调。不能嘴里说着"三"的时候，过了好几秒突然想起来没用到手势，便举起三根手指头。这样迟钝的反应只会增加笑料，没有半点好处。

手势不可滥用。运用手势的时候，不应该太引人注目。因为别人在意的点并不是我们手势的美观与否，而是信息，手势是用来传递信息的，不是用来耍帅的。

总之，最好的手势是"无形"的，是一种本能。当我们的大脑给嘴巴以说某句话的指令时，你的手、脚、目光会自然而然地进行配合，这才是行云流水般的肢体语言表达。

● 生动的表情让语言活起来

法国作家、社会活动家罗曼·罗兰说："面部表情是多少世纪培养成功的语言，比嘴里讲的更复杂到千倍的语言。"演讲是信息的传递，而丰富的面部表情可以帮助演讲者准确地表达情绪、思想。

在TED演讲《谈魅力》中，文化评论人弗吉尼亚·帕斯楚戴着太阳镜站在台上说："你可能会疑惑我为什么戴着太阳镜，其中一个答案就是因为我今天的主题是魅力。"

她摘下太阳镜面露微笑，将目光投向远处几秒，然后目光向下看着观众，继续说："我认为实际上魅力有更广泛的含义。"她微微抬头，眼睛微合："其中一部分当然是那些电影明星和小说人物所展现出来的。"

她在台上左右踱步，做着手势，时而把眼睛睁大一些，但是在讲述"魅力"一词的变迁时，面容变得略严肃，还用手抚过一次鼻子。

在讲魅力与好莱坞的关系时，她说："20世纪，魅力开始和好莱坞联系在一起从而拥有了各种不同的含义。海蒂·拉玛说：'只要坐在那里装出一副傻样，任何人都可以看起来充满魅力。'事实上，并无意冒犯海蒂·拉玛……"弗吉尼亚脸上露出抱歉式的笑容，然后继续演讲。

大文豪雨果说过："脸上的神气总是心灵的反映。"随着演讲内容的变化，面部表情的变化，一方面能为表达助力，另一方面也能让观众感受到演讲者的全情投入。美国著名的教育家戴尔·卡耐基在说到罗斯福总统演讲时，说他全身好像一架表现感情的机器，满脸都是动人的感情，这样使他的演讲更有力，更勇敢，更活跃。

好的面部表情应该是自然而然的流露，当你表达高兴时便微笑，同时又有不同的微笑方式，看你的演讲内容而定，表达悲伤的时候也是如此，这些面部表情会增强你话语的感染力。

演讲新手会因为紧张，或者不善于运用自己的面部表情，不管感情如何波澜起伏，都是一副面无表情的扑克脸，呆滞、麻木、令人心生厌倦甚至厌恶。而富有经验的演讲者，总是充分地利用面部表情和手势，表达出丰富的思想感情，吸引观众，影响观众，感染观众。

2008年，美国总统大选进入白热化，两位候选人奥巴马和麦凯恩已经展开了多轮的演讲和辩论，英国《卫报》分析了二人的面部表情和声音，得出了这样的结论：

奥巴马是天才演讲家，但是在大选的最后时刻他显得有些焦虑，看起来非常严肃，不过大部分时间里他的表现是非常好的，时而坚毅果敢，时而幽默积极，而且语调抑扬顿挫有节奏。

他的对手麦凯恩在这方面则有些尴尬，美国的分析家发现，麦凯恩的面部表情非常有限，几乎没什么变化。他们称："麦凯恩的面部表情非常贫乏，他的笑容经常没有展开，比如在表达积极情绪的时候，脸颊肌肉没有全部参与活动。"分析家甚至用"呆板"一词来形容麦凯恩的表情，称麦凯恩表情贫乏很难博得信任。

面部表情是调节气氛的重要工具，虽然有些人天生面部表情不够丰富，但通过训练也可以拥有丰富的表情。

1. 放松面部肌肉

面部丰富的一个最大要求就是自然，因为只有脸上的肌肉放松了，才能在做出一些比较夸张的表情时不显得僵硬。放松面部肌肉的方法有双手搓脸。即用双手手掌捂住脸颊，上下搓动10次左右。还可以按太阳穴。合并双手的食指和中指，放在太阳穴上，以顺时针方向按揉10次左右。

2. 张闭嘴眼训练

嘴巴和眼睛的张开、闭合，可以让表情丰富、夸张。训练时，先拼命张大嘴巴、同时张大眼睛，然后同时拼命闭上眼睛和嘴巴，再张大眼睛紧闭嘴巴，再紧闭眼睛张大嘴巴。如此循环两次，顺序也可以打乱练习。

3. 微笑训练

慢慢张开嘴巴，先是上下张开，在不露出牙龈的情况下露出八颗牙齿。然后左右咧开，嘴唇线向上。在张开嘴巴的过程中，眼睛也要配合，并且眼睛的动作是先睁后眯。

这里再说一下微笑表情的使用。不能说演讲的主题很欢乐就一直微笑，微笑有很多种表达方式，欢乐也有很多种表现方法，要学会多种表情搭配，合理地进行转换。拿微笑来说，上台来跟观众开玩笑露出狡黠的微笑，演讲中讲到欢乐的故事可以开心地笑，演讲最后感谢观众要真诚地笑。除此之外，还有其他部位的搭配，好的搭配才能算得上是"面部表情"，否则就是"嘴部表情"或者"眼部表情"了。

尽量保持日常生活中的自然性,也就是说不要刻意追求演员式的表情,那样看起来会很假。你不需要事先对着镜子练习:反复地训练自己在某个段落应展现的表情。你只需要记住情感,情感到位了,表情自然而然就出来了。

当你把面部表情与演讲良好结合之后,你会发现自己的演讲水平有着显著的提高。

● 幻灯片如何才能切换出视觉冲击力

借助幻灯片,演讲者可以更好地传递信息,为演讲者减轻解说的负担,也可以让观众更直观地理解演讲的内容。演讲中,辅以大量的图片,随着解说缓缓播放,这种视觉与听觉冲击力是极强的。

肯特·拉森在 TED 演讲《设计改变城市,创意成就舒适》中,从一个城市的发展谈起,最初人们据井而聚,而这个定居的范围也不过是头顶着一盆水所能走的距离。肯特·拉森在这里放了一张人们在井边忙碌的幻灯片。接着,他说:"假如你能从德国上空飞过,向下看,你会看到数以百计的小村庄,每个距离约一英里。"他放出一张标有距离的从德国上空往下看的卫星图幻灯片。

……

肯特·拉森讲到对很多人来说,家就是生活的中心,其活动范围很小。家是欢乐、动力、工作,和医疗的中心。在那里,也有生老病死。在这里他连续放出了几张关于家的老照片。

……

肯特·拉森说不管你是否住在城市,都应该关注城市。城市主宰着90%的人口增长、80%的CO_2、75%的能源消费。这里,肯特·拉森放了三张数据图,90%、80%和75%分别放在幻灯片的左下方,用的是加粗的大号字体,非常显眼。

……

幻灯片在演讲中虽然只是扮演一个助手的角色,辅助演讲者表达自己的思想,但它的作用绝对不容小觑。

那么,如何使用幻灯片才能让人眼前一亮?

配合文字使用

幻灯片的目的是辅助文字配合演讲,所以演讲者要让幻灯片随着自己的思想而动,什么时候需要哪一张幻灯片,就把它调出来使用。千万不要为了幻灯片而做演讲,不要让思路跟着图片走,放哪一张幻灯片就讲哪一张的内容,那样很容易导致主次不分,让演讲失控。

掌控节奏

幻灯片的播放,必须和大屏幕上自动变换的图片协调。比如,当你正在深情讲解一条优美的自行车道时,幻灯片却已经切换到了下一张隧道的图片,结果就会很尴尬,并且会把你的演讲打乱,你很可能会语无伦次地追赶后面的图片,演讲就泡汤了。

幻灯片最好的节奏不是说完一张就换一张，而是当幻灯片出现新内容时迅速把该内容阐述出来，然后就不去管后面的屏幕，把观众的注意力拉回你的身上。当讲到下一点的时候，再切换幻灯片。

保持简洁

这是制作幻灯片最重要的要素，也就是说不要把幻灯片做成演讲稿。你会发现很多人的幻灯片糟糕在于他们把每一个要讲的点都放了进去，幻灯片上密密麻麻的全是字，这是不可取的。你的观众离得远看不清字，看得清也没有人愿意看，他们是来听演讲的，又不是来看幻灯片上的字的。

拿乔布斯的幻灯片举例，他的每一张幻灯片都非常简洁，要么是一张图片，要么是几个放大了的单词，背景是单色，与字体反差极大，除此之外没有其他的点缀。所以不要试图在一页幻灯片里挤进更多的文本，简洁才是力量。

幻灯片简洁也可以避免演讲者照本宣科、不时回头看屏幕并朗读上面的文字。要知道观众阅读的速度永远比你朗读的速度快，他们全看完了又要听你再读一遍，会让人很不耐烦。

不必玩花样

很多人会把幻灯片做得非常"炫酷"、非常华丽，觉得这是一种抓住观众注意力的方法，确实有这样的功效。但弊端是观众的注意力会一直集中在幻灯片上面，无法回到演讲本身。

图片、文字、花样，同样是为演讲者服务的，只是一种辅助手段，如果它们太吸引观众，观众同样会忽略演讲者真正要讲的内容。因此，图片、文字、花样只是一种吸引观众注意力的形式，不是灵魂，这就是说演讲者的幻灯片，要能精准反映演讲者的思想，可以有不同的样式，但不能给人眼花缭乱之感。

20 原则

如果你对于制作多少页幻灯片拿捏不定，那么就用"20 原则"。这条原则指的是，演讲中你最多有 20 张幻灯片，并且每张幻灯片只演讲 20 秒。其目的就是使你做到简练，避免观众听得不耐烦。

演讲者不要过分依赖幻灯片，使其喧宾夺主，而要让幻灯片在关键时候起到画龙点睛的作用。

● 合适的装扮为演讲加分

也许你以为，只要演讲的内容足够好，穿什么没那么重要。然而，演讲者在台上怎么穿，并不是没有人在意的。事实上，合适的装扮，也能为演讲增光添彩。登上 TED 舞台的人，自然有很重要的研究或者发现要讲，而穿着也能传递一些信息。

TED 舞台上的演讲者，女士多半是连身裙，或者毛衣加半身裙，鞋子通常是高跟或者半高跟。配饰多为简单的小耳环或者项链，也有一部分为了配合主题而戴着很夸张的头饰。男士多半是衬衫配牛仔裤的休闲装，或者是西装配皮鞋的正装。多半看起来都很随意，但也并不是胡乱穿着。

在TED演讲《数学和性》中，演讲者上身是一件黑色无袖衫，打开的领口设计，不至于因为黑色而显得沉闷。下身穿一条白色的不是太紧的薄款牛仔裤，搭一双白色高跟凉鞋。整个人看起来清爽、性感，却又不失端庄。她曾就穿着问题接受采访，她说曾想穿得性感有魅力，但又不能有色情的意味，比如短裙就会显得轻浮，太紧的裤子也会显得过于性感。

TED舞台的活动组织者也会给演讲者一些着装建议，比如"不要穿条纹类的衣服，以及图案过于复杂的衣服"，"衣服的颜色最好与舞台的灰色背景形成反差，但也要避免选择过于明亮的颜色或闪闪发光的珠宝，那会影响光效。"

另外，在不同的地方举办，服装的要求也有所不同。比如，在曼哈顿举办的TED大会，着装风格以舒适为主。在华盛顿和旧金山举办的TED大会上，"穿休闲装就行"。TED注重演讲内容的精神内涵，同时也没有忽略着装的合适和得体，以给观众好的感受。

其实，历任美国总统都有着庞大的穿衣顾问团，美国著名的前总统罗斯福和肯尼迪都以会穿衣著称，他们总是在穿出总统应有的威严和让人民充满信任感的同时，巧妙地加入自己的穿衣品位。尤其肯尼迪，他英国留学的经历带给他好品位，他拥有无数双手工定制的皮鞋，他还开创了垫肩变小、简洁的两粒单排扣西服,至今仍然是"美国风格"的经典造型。

而美国第 39 任总统卡特,曾在迈阿密演讲时身着夏威夷衬衫,这让他的支持率大幅下滑,深陷穿衣危机。

对于大多数演讲活动来说,穿戴只要干净、大方、整洁、朴素就可以了,就能够达到一个演讲者的服饰标准,能够使观众接受。但是在这里还是给大家一些小的建议。

适合自己

不管穿什么,适合自己的才是最重要的,切不能盲目跟风。要熟悉自己的身材,了如指掌自己身段的优点和缺点,心中有数哪些衣服能让自己得体、大方、增色,哪些衣服能把自己变成一个灾难,哪些"心机"能让人感觉你在着装上是一个用心之人。

穿着要与体态协调

你的穿着的第一作用是能够体现出整体形象的美感,尤其要跟你的身材协调。比如,较瘦的人可以穿横条的服装,可以让自己显得比较精神。

正装永远不会错

如果你不知道自己要穿什么,那么就穿正装吧。对于男性来说,穿衣有这么几个原则:"三色原则",也就是男士身上的色系不应超过 3 种,很接近的色彩视为同一种。"有领原则":正装必须是有领的,那些没领的 T 恤、运动衬衫就不能够称为正装,有领的衬衫一般是最受男士欢迎的,因为这一类符合正装的原则。

绝大情况下正装应当是有钮扣的,拉链服装通常不能称为是正装，某些比较庄重的夹克也不能称为正装。不要意图穿着"朋克""摇滚"这种零零碎碎很多、补丁破洞很多的衣服上台，只要你是演讲而不是唱歌，那么这类衣服会让你看起来非常滑稽。

对于女性来说，着装会更加丰富一些，但是原则跟上述区别不大，大方得体是要点，如果你演讲的主题欢快美好，那么可以穿得鲜艳一点，要注意配饰是"点缀"，不要让它喧宾夺主，小小的配饰就好。

● 抛弃讲台，全方位展示自己

有的演讲者一上台，就开始唱"独角戏"，站在讲台后面，观众们只看着演讲者的上半身，看不见演讲者走动。讲台桌其实相当于一堵墙，生生地把演讲者与观众隔开，目光交流也不能打消这种距离感。

对于很多演讲者来说，讲台是一种"防御性"的城堡，因为他们很怕面对那么多目光的注视。演讲者要抛弃讲台，走出这一步，大方坦诚地把自己的身体展示给面前的所有人，习惯"一对多"，才能赢得观众的尊重。

TED的演讲区设计是圆形的，面前的观众围成半圈，讲台是非常简单的能看见演讲者的腿的那种。事实上，有非常多的演讲者不用这个演讲台，演讲台很多时候都是孤零零地待在舞台角落。

TED 的舞台展现很像我国古代先哲孔子、孟子等人传道授业的方式，在宽敞的草地上，挨着一棵大树，弟子们围坐在老师身边，完全没有后世老师站在讲台后面的壁障。

克里斯·安德森曾表示 TED 的演讲绝对不可以坐在主席台后面来读一个稿子给下面人听，也没有插满鲜花的演讲台让你躲在它的后面只露出脑袋。对于 TED 演讲而言，演讲者的目的是激励和鼓舞观众，讲台则是一道鸿沟，只有走到舞台前面来，和观众有足够的目光交流，把身体从头到脚都让观众看到，才能跨过这道鸿沟。

要拉近与观众的距离，那么第一步就需要打通"这堵墙"，让观众们看到我们走路的样子，看到我们穿了什么样的裤子，看到我们向他们走过去，只有缩短了空间的距离才能缩短心理的距离。

1956 年秋，印度尼西亚总统苏加诺应邀来到清华大学为学生演讲。演讲开始，苏加诺和颜悦色，亲切地说："同学们，我有一个建议，建议你们向前走一步，因为我愿意生活在青年中间。"于是，学生们向前走了一步，坐在地上，将苏加诺围了起来。

苏加诺趁热打铁，又说了一句话："我还有第二个请求，请大家笑一笑，因为我们面向的是一个美好的未来！"苏加诺的话语让在场的学生一扫紧张、严肃的氛围，整个会场顿时轻松起来。

被称为"印尼国父"的总统，如此平易近人，与学生们围坐在一起，博得了大学生们的喜欢与尊敬，他的"走一步"和"笑一笑"不但缓解了大学生们的紧张心理，而且还拉近了他们之间的距离。

只有拉近与观众的距离，才能与观众融为一体。根据需要与可能，走近观众，靠近观众，缩短空间距离是缩短心理距离的最直接方式。

所以，能不用讲台尽量不用，并且尽量站在舞台的稍靠前的位置，比如一开场便向观众走过来，而不是一开场便走到幕布或者大屏幕旁边。靠前的位置会给观众一种"触手可及"的心理暗示，距离也就近了。当然，离开讲台后，还有一些需要注意的地方。

不做防御性动作

离开讲台后，不要做抱臂之类的防御性动作，在心理学上"抱臂""低头"等等动作意味着防备着对方，如果我们演讲的时候出现了这样的举动，会让观众们看着很不舒服，觉得我们并未真正打开心扉进行沟通，那么效果自然就会大打折扣了。

注意走动的频率

如果你站在观众面前，但是一动不动的话，两侧的观众就会觉得受到冷落，而且你的双脚僵在一个地方18分钟，难免会发麻。如果你一走起来就无法停下，可能让观众头晕，所以走走停停是最好的。如果你不得不站在讲台的后面，务必记住不要在讲台上摇晃身体。

克服想隐藏自己的心理

别把手藏到裤兜里，这暗示你想隐瞒什么，或者对观众没那么热情；别把手背到后面去，也不要一直垂着手或者把两手放在肚子上，这些动作都不雅观。最好的是抬起前臂，所以你会看到最多的演讲手势是用手掌作切西瓜状，你也可以在手里拿着小卡片做一些手势。

既然是公众演讲就要适应将自己的全部展示出来，这种真诚而又大方的演讲才会跟观众引起共鸣。

● 实物道具的魅力

在演讲中，除了图片、视频、图表以及其他声像设施，实物道具同样具有独特的魅力。"实物"因为看得见又摸得着，在演讲中的作用更有真实感。演讲中的实物道具一般有三个作用。

用来演示

朴智海拿着她的小提琴登上TED舞台，一开场就来了一场小提琴演奏。然后，才开始《小提琴和我的灵魂低谷》的演讲。

她说自己现在虽然看起来很成功、很快乐，但她曾患有严重的抑郁症并陷入彻底的绝望。她说："虽然很多人试图安慰我、鼓励我，但他们的话在我听起来毫无意义。就在我忍受不了痛苦，准备放弃一切时，我重新发现了音乐的真正力量。"

然后，她又深情地演奏了一段小提琴曲。演奏完毕，她缓缓睁开眼睛说："在这一段艰苦的日子里，音乐唤醒并治愈了我的灵魂……"

接着,她又说:"你感到孤单吗? 我希望这首曲子会感动,并且治愈你的心,就如它为我做的那样。"她又演奏了一曲。

她说:"我用我的音乐来打动人们的心灵,发现这是没有边界的。"她不仅在著名的古典音乐厅演奏,也在医院、监狱和麻风病患者隔离区演奏。

最后,她向大家推荐了自己的全新项目,"摇滚式的巴洛克"。她说:"我想告诉你们古典音乐也有有趣、激动人心的一面,它能够震撼你们。"

她用最后一首曲子结束了演讲。

朴智海在整个演讲中,一共演奏了四次小提琴,引领观众从聆听到投入,再到最后的高潮。在这场精彩的演讲中,小提琴的功能功不可没。类似的实物道具使用方法还出现在有实验类的演讲中。在现场给大家做实验,以便大家更容易理解和受启发。

用来体验

上面的演示是让观众看到,实物道具更进一步的功能是,让大家触摸到,亲身体验到。

迈克尔·博德卡在 TED 演讲《颠覆科学教育的 VR 实验室》中,向大家展示了一个虚拟现实头盔。为了让大家体验虚拟模拟实验室的效果,他拿出手机放到 VR 头盔里——同时强调了这个头盔很便宜,他说:"现在我可以进入这个虚拟世界了,有些现场观众也会体验到。"

现场的一些观众也戴上了 VR 头盔，并且站起来，四处观看。

他讲解说，这是一个价值百万的常春藤实验室，里面有各种超棒的设备可以互动。

有了亲身的体验，大家对迈克尔·博德卡所说的新的科学教学方式，有了更直观的感受。

沉浸式体验这个词一经诞生，就被运用到了各个领域。沉浸式体验指利用一些灯光影像等效果，比如辅 VR，以 AR、投影等设备，通过全景式的视、触、听、嗅觉交互体验触发人体的各种感官，给人一种真正"身临其境"的感觉。观众的体验感越强，印象自然也越深刻。所以在演讲，尤其是在做一些研究发明的演讲时，非常适合把发明的物品作为体验式的道具带到现场。

有时候，我们准备一个实物道具，并不是因为它具有多高明的效果，但一个实物总是能吸引观众的目光。比如在 TED 演讲《神奇的洗衣机》中，演讲者搬了一台白色洗衣机在台上，并且放了衣服在里面，启动洗衣机。讲到奶奶在洗衣机旁边观看洗衣机洗衣服时，演讲者学着奶奶的样子搬了凳子在洗衣机前坐好，盯着洗衣机里面转动的衣服看。

第十章

流畅自然，全程无尴尬

扔掉演讲稿，不用提词器

拿着稿子念，那不是演讲，更没有感染力。TED 大会的特色就是用脱稿给人以强烈的现场感，脱稿最怕的是紧张，于是一些人选择了提词器，认为这样起码可以保证自己在忘词、卡壳的时候能有一点提示。实际上，在演讲中，我们鼓励不用提词器，扔掉演讲稿，完全的脱稿演讲。

TED 的组织者克里斯·安德森说："发表一个演讲有三个主要的途径：你可以照着手稿或提词器直接读；你可以记下演讲提纲来提示你要讲的具体内容而不是把整个演讲都记下来；或者你可以记住全部内容，当然这需要大量的排练预演，直到你能把每个字一一记在脑海。"

克里斯给出的建议倾向于第三种，他说："我的建议是别照着读，也别使用提词器。提词器通常会有一段距离，人们会知道你在照着读。并且一旦他们发现了，他们的注意力就会转移。突然你就与观众变得疏远，你说的一切都变得官方。在 TED 我们一般不允许照着读的行为。"

克里斯举了一个例子，有一个演讲者执意要使用提词器，结果被观众发现了在照读，即便是演讲很精彩，但是得到的评分也非常低，TED 的观众都很挑剔。

克里斯还说："我们很多最受欢迎的 TED 演讲都是逐字逐句完全记下来的。如果你有充裕的时间做这样的准备，这其实会是最好的演讲方式。不过不要低估这项准备工作所需要的时间。TED 上最令人难忘的一个演讲者是泰勒博士，一位得过中风的脑部研究专家。她分享了自己在这八年的大脑恢复期间学到了什么。在仔细雕琢并一个人练习了数十小时后，她又在一个观众面前演练了十几次以保证她的演讲可以成功。"

脱稿演讲其实是一个态度问题，代表着你对观众负责。对着稿子念，对观众来说，就像各种节日收到的随手复制的祝福语。看起来精美，却一点都不走心，甚至让人失望、生气。把稿子背下来并能侃侃而谈，意味着自己真的做足了准备，而不是念稿子敷衍。

那么，如何才能轻松地把演讲稿背得滚瓜烂熟？

稿子最好自己写

自己写的稿子印象自然深刻，不需要死记硬背，演讲时也更容易临时发挥。

记住大纲

要通篇一字不差地背诵下来，掩不住刻意的痕迹，效果也未必会好。演讲者可以记住大纲，然后根据大纲去填充细节。同时，也可以添加肢体语言、演讲风格等细节。

语速放慢

演讲时，语速不要太快，那会导致思维跟不上语言，而出现停顿。放慢语速，观众才能跟上节奏；放慢语速，观众才有时间去消化接收到的信息。不仅如此，放慢语速也才能给自己足够的思考时间，去思考下一句的内容，避免忘词的尴尬局面。

提升自信

事实上，人们更容易接受一个自信的人的观点，更倾向于认为自信的人一定具有足够的专业知识和经验。即便是因为自己有过糟糕的经历而持怀疑态度，也会多少被一个自信的演讲者影响。

没有信心，即便把稿子背得再熟也不认为自己能够做到脱稿演讲。可以给自己找个专业的指导老师，经过专业的指导，让自己相信自己能做到脱稿演讲。也可以给自己积极的心理暗示，增强脱稿的自信。

养成逻辑思维习惯

逻辑思维，是人类大脑思考的根本规则或规律。如果一个人思维混乱，记忆力、想象力和推理力就很欠缺，要脱稿演讲就很难。幸运的是，人的逻辑思维是可以训练的。比如多看一些有关逻辑性的书籍，不断思考学习。比如，主动研究语言中的逻辑性。再比如，有意识地去寻找事物的共同规律。

脱稿演讲最大的危险在于忘词，对此也有很多解决办法。首先你要对你的演讲结构有一个清晰的认识，脱稿演讲很容易出现前后矛盾或者前后内容根本不搭边，观众会听得很迷茫。所以一定要有清晰的思路，先讲什么再讲什么，这样即便忘词也不会让你一个字也说不出来。

其次，如果真的没有时间准备，那么可以使用小卡片记下演讲要点，这是最后的"退路"了，手里拿着小卡片偶尔低头看一眼是不影响观众注意力的，只要你知道每一个点该如何展开就够了，特别要记住如何从一个要点过渡到另一个要点，让你的演讲更顺畅。

最后，不要让观众觉得你是在背东西，比如，突然停顿然后眼睛看向天花板一副"想词"的样子，这是不行的。"背稿子"和"念稿子"是一个性质，观众们虽然知道你是背过稿子的，但是如果表现得流畅就会让这种感受淡化掉，所以最要紧的就是把演讲内容烂熟于心，然后扔掉演讲稿，在台上熟练展现。

💬 上台就紧张，怎么克服

面对众多陌生人讲话，就会紧张得手心冒汗，两腿哆嗦。这种恐惧是与生俱来的，每个人都会怯场。在 TED 大会上，我们看他们挥洒自如地讲话，其实他们内心未必不紧张。

TED 大会的掌门人克里斯·安德森在《TED 演讲是如何炼成的》中，讲述了一个自己的亲身经历。

克里斯·安德森的一个同事布鲁诺·吉萨尼说，虽然他在 TED 里工作了九年，主持过各种大会，介绍过那么多演讲者，但却从未做过一个属于自己的 TED 演讲，所以他邀请克里斯·安德森来做一次演讲。

克里斯·安德森接受了这个邀请，但是很快，他感到了比预想中要大的压力。就算他花过那么多时间去指导别人构建故事的框架，但换成自己去组织时，还是很困难。

他决定脱稿讲关于网络视频如何促进全球创新的话题，但过程超乎想象的难。他花了很长时间，也从同事那里得到了各种可靠的建议，却还是手足无措，甚至怀疑自己的能力，他觉得自己肯定要出状况。

在登台的前一刻，他依旧很紧张。不过，最终一切顺利，并得到了好评。这使得他从巨大的压力中挺了过来。

马克·吐温说："世上有两种演讲者，紧张的和故作镇定的"，紧张并不可怕，可怕的是我们不敢正确面对它。不同人应对紧张有不同的处理方法，其中，缓解恐惧的最好方法便是将它说出来，从"我害怕"的心理暗示变成了"坦诚相告"的真诚。比如演讲的时候非常紧张，我们可以说："我第一次演讲，很紧张，很怯场，请大家原谅。"这不仅会大大缓解紧张情绪，还会得到观众的包容和鼓励。

加里·格兰特是英国著名电影演员，他16岁便在美国纽约演舞台剧，时间长达五年，经过多年的奋斗终于成为好莱坞巨星，并于1970年终于获得奥斯卡奖荣誉。

让人想不到的是这位有着丰富舞台表演经历的好莱坞巨星，居然有着舞台恐惧症。他几乎没有在公众场合进行过演讲，这似乎有些匪夷所思,格兰特曾与舞台恐惧症斗争过,但是似乎失败了,格兰特曾面对记者承认道:"无论何时只要知道我必须在什么地方做公众讲话,头两周我就为此而焦虑不安。我对自己说:噢,上帝,为什么要我对公众演讲呢?"

甚至他还曾说过不仅仅是公众场合演讲,他面对着热情洋溢的观众讲话时,双腿都会发抖,他为了避免这种情况的发生,很少出现在公众场合,这可谓是他一生的重大遗憾,不过观众们都非常理解,表示:"他只要在荧幕上就好了,我理解他的感受。"

关于恐惧,就像罗斯福所说的:"我们所恐惧的只是恐惧本身。"紧张不是病,而是一种自然的身体反应。观众们其实也预料得到你会紧张,坦率地承认它,也能给演讲者带来魅力。正确的做法是,不如实话实说,告诉观众们缘由:"我有些紧张,不足之处还请大家多多包涵。"此言一出,定会得到大家善意的笑声与鼓励的掌声。因为你说出了实情,这份坦率态度为你赢得了大家的尊重。

出版过有关内向性格的书并在2012年TED大会上演讲的苏珊·凯恩就特怕做演讲。你可以感觉到她在台上时的紧张,这种感受让观众都为她加油——所有人在结束后都想拥抱她。略微紧张的语音语调,也是一种亲和力,是赢得观众倾心的有力武器。

除了坦率说出自己的恐惧,一些演讲者会提前待在观众席,听前面的演讲者演讲,这可以转移注意力并减少紧张。

运动也是缓解紧张不错的方式。一个人感觉紧张和有压力时，肾上腺素会分泌"皮质醇"，皮质醇越多就越难静下心来去思考和做出正常反应。摆脱皮质醇的最好方式就是运动，比如小走一会儿，或者演讲前去健身房。哈佛商学院教授艾米·卡迪通过研究，也建议演讲者在演讲前到周围大步走一走，或者做一些伸展运动，这些姿势都可以使你倍感自信。

另外，最简单且实用的方法还有上台前做一下深呼吸，想象观众的热烈反响，帮自己平静下来。

最后，要明白恐惧和紧张并不都是坏事，要懂得利用它。适度的紧张和恐惧能使你表现得更好：它给予你表现的力量，让你保持思维敏捷。它也能促使你去做很多前期准备，来提高演讲的效果。当你因为紧张不断提高自己的演讲能力，就不会在台上惊慌失措了。

💬 适当停顿，给观众消化的时间

美国加州大学的心理学教授古德曼说："沉默可以调节说话和听讲的节奏。没有沉默，一切交流都无法进行。"演讲中，适当地运用沉默，停顿一下，比滔滔不绝地一直说，更有震慑力和说服力。

动态雕刻家罗本·马格林，创作了一个个像波浪一样流动的作品。他在 TED 演讲《用时光与木头雕刻成的浪》中，展示并讲述了自己的作品。

罗本·马格林说他很喜欢自己的工作室，每当下雨，门前的车道汇成小河，他爱死它了。于是，他一边欣赏雨水，一边割块木头钻几个孔，或者寻找装置用的垫圈。然后，视频中出现了他制作的"两颗雨滴"装置，木质框架，中间无数条线，下面串起来一个用小木棒连接起来的，会变幻出波浪形状的木头波浪。

罗本·马格林的讲述很慢，他说："在我所有的雕塑里，这个是最有表现力的。"这句话说完，他停住，让观众看着镜头随着装置向下，露出下面的木头波浪，波浪缓慢地变化着。等波浪快要达到与观众平视的角度，他又说："它把两颗雨滴掉落在相邻的地方时的波纹，组合在了一起。"他又停顿了一下，等镜头把木头波浪拉近，缓慢地变化，镜头推远，他才又说："不过波纹不是像圆圈那样散开的，而是以六边形扩散。"这里，他又停住，镜头拉到装置的上半部分，一排排用线串起来的整齐的红色小长方形，然后镜头再向上，拉到了装置的最上面，两个大大的旋转的木头齿轮，连着无数根错综复杂的线。所有的系统都是机械系统制动。

罗本·马格林的讲述配合着视频的播放，他每解说一两句就会停顿下来，等装置去做完这个动作，或者让镜头推进或者拉远，看装置的运转。适当的停顿，让观众看清楚了装置的结构、运行原理等。

停顿的运用我们最常见到的是在朗诵中,在某些语气词、句子、段落有所停顿,可以赋予文字更多的情感和意义,同时也给听者感受和领悟的时间。演讲时,适当的停顿也是为了给观众思考和消化的时间。

当然,停顿也是有技巧的,不可做无谓的停顿,不能生硬的戛然而止,或者停顿太多。那不仅会破坏内容的完整性,给观众一种前后接续不上的感觉,还会导致情绪输出的中断。

在电视剧《武林外传》中有个情节,讲的是佟掌柜的师妹南宫给大家做报告,她紧张地在大堂坐下,咳嗽一声。

开始念:看时光飞驰我,回首从前曾,经是莽撞。

这胡乱断句让佟掌柜非常失望。

她接着念:"少年曾经度,日如年……"

旁边客人问:"好,可以上果盘了吗?"

南宫不解:"果盘?"

原来是佟掌柜说听完报告一个人发一个果盘,她对客人说:"不要急嘛,听完就发。"

于是南宫继续做报告,"把握生命里的,每一分钟,全力以,赴我心中,的梦。"

佟掌柜原本是想让南宫讲一下她的环保理念,结果南宫该断不断,不该断的地方瞎断,把一篇稿子念得是七零八落,不忍直视。虽然剧本是为了搞笑的效果,但也告诉我们停顿的地方有问题,句子原本的意思反而不能被理解了。无论是演讲还是谈话,停顿都是有技巧的。常见的停顿有如下几种：

句逗停顿

根据标点符号所作的停顿，是语句停顿的最主要依据。一般来说，标点符号中句号、问号、感叹号的停顿时间最长，逗号、分号、冒号次之，顿号的停顿时间最短。

句子越长，内涵就越丰富，需要停顿的地方越多。句子越短，内涵就越少，需要停顿的就越少。段落之间的停顿时间最长。

语法停顿

如果句子中间没有标点符号，需要按语法成分作停顿。停顿的时间一般极短，不宜过长。

逻辑停顿

逻辑停顿是为了突出或者强调某个地方的重点，一般和重音相互配合。需要合理地划分词组，以作出适当的停顿选择。

生理停顿

有的句子、段落太长，一口气说不下来，需要换口气。一般来说，生理停顿是与标点符号的停顿、语法停顿和逻辑停顿结合在一起使用的，不单独进行。

感情停顿

感情停顿是为了表达语言蕴含的感情或者心理状态，恰当运用可使悲伤、激动、紧张、怀疑、沉吟、回忆、想象、思索等各种感情和心理状态更准确地被表达，使观众从"停顿"中体会语言的丰富内涵和难以言表的感情。

感情丰富、凝重的段落，停顿较多，时间较长。比如，你刚做完铿锵有力的陈述后，可保持静立片刻，别做任何动作，以保证你的话余音绕梁。相反，表示心情明快愉悦的段落停顿较少，时间也短。

中国画里的留白，正所谓"此时无声胜有声"，实在是大有智慧。

● 排练，排练，还是排练

NASA 科学家施密特说，TED 演讲并非适合所有人，一场高质量的演讲，需要投入很多时间和精力去准备。他以自己为例，为了准备 2014 年的 TED 大会演讲，他用了 3 个月的时间，"每一个元素都要从头设计"。

每一个 TED 演讲人，不仅需要无数次地修改自己的演讲稿，更需要无数遍地排练自己的演讲。只有真正地把台上的每一个细节都进行无数次的排练，排练，再排练，他们最终才能在舞台上绽放最美的自己。

TED 掌门人克里斯·安德森在《TED 演讲是如何炼成的》中，讲述了 TED 演讲人的排练情况。他说："在演讲至少还有六个月时，我们就开始帮助演讲者准备他们的演讲，以保证他们有充分的时间排练。我们希望演讲者在活动一个月前定下最终的演讲。

这样，他们就可以在最后的几周内多多排练，排练得越多，效果就越好。"

克里斯·安德森说，排练可以单独进行，也可以在一名观众面前进行。挑选谁来当观众很重要，因为对方会认为自己应该有义务来提供反馈或者提出建设性的批评。不同的人反馈的差别很大，甚至相互矛盾。这很可能会让演讲者不知所措甚至崩溃。总的来说，有丰富演讲经验的人能给出更好的建议。

乔布斯的演讲如同行云流水一般自然，他完美地把控着场上的每一处节奏，他需要表达的演讲内容如同在他的肚子里排好了顺序，只等着出来，他的举手投足与演讲内容相得益彰，他还能够把幻灯片与自己的语言完美结合，而乔布斯成为演讲大师的原因只有一个：疯狂地排练。

曾有苹果员工透露，乔布斯为苹果公司的浏览器 Safari 发布会进行了四次以上的彩排，让那场 Safari 发布会进行得十分顺利，几乎可以算得上是完美。

参与彩排的员工说道："在彩排过程中我大部分的时间几乎无事可做，坐在观众席上看着台上的史蒂夫一遍一遍地表演。说实话，我很佩服史蒂夫那种凡事都要求尽善尽美的精神。现在看着其他公司拙劣的产品发布会，常常让我想起史蒂夫在台上一句一句地重复他的台词的情景。"

为了5分钟的展示，乔布斯的团队要花数百个小时的准备时间，他就像着了魔一样不断地重复着演讲排练，重复着每一句话,并尝试找出更好的话来替换,此外,就连发布会的灯光,乔布斯都要反复亲自调试,直到满意为止。

著名的神经科学家兼音乐家乔森纳·列维丁提出一个"10000小时定律",他表示:"在任何领域,要想获得世界级大师所达到的精通水准,需要练习10000个小时……无论是作曲家、篮球运动员、钢琴演奏家,还是国际象棋手等等,都需要这么长的时间练习。大脑需要这么长时间的消化吸收,才能达到真正的精通。"那么,演讲排练最重要的是注意哪几个方面呢?

排练节奏,掌控时间

计时排练的意义就在于让你对演讲的节奏和时间的把控达到炉火纯青的地步,真正地掌控场上的一切。你会自如地掌握自己演讲的语速和节奏,你甚至会十分清楚自己讲了几分钟,在不看表的情况下。

对于那些没有计时器的演讲场地来说,演讲前的计时排练就显得更加重要,这是在你心里安置一个"钟"的过程,真正地将演讲与时间融合起来。

排练时,你可以让人拿计时器,告诉你超过了多少时间。等这个过程打磨得差不多了,你就可以自己使用计时器掐算时间,计算3分钟、6分钟、9分钟、11分钟等这样有节奏的时间点你会演讲到什么位置,对自己演讲节奏进行精准定位。这样,当你真正演讲时就会很清楚演讲中的时间流逝。

你的解说要恰如其分地与幻灯片做到同步,有一些短的幻灯片是自动播放的，这需要你在演讲的同时又要照顾到背后的幻灯片。你不能老是回头看它播放到了哪里，你要在大量的排练后达到与幻灯片完美融合。

这个过程也是一个打磨演讲稿的过程，哪些句子啰唆、哪些句子冗长、哪些句子简陋，或者哪些内容非常棒、哪些内容非常糟糕等等，要在排练中进行大量修改。只有对演讲稿中的每一个词、每一个字都熟悉得不能再熟悉，才能完美把控演讲节奏。

排练肢体语言，追求自然

一些演讲者的稿子虽然写得非常好，但是因为没有足够的时间彩排，当他们到台上的时候，只能生硬地将演讲稿读出来。或者，他们太一味专注于自己写的稿子，结果使得演讲很不自然。

演讲者可以对着镜子练习肢体语言，查看自己的手势是否恰到好处，眼神是否得当，纠正自己多余的影响演讲效果的小动作，直到让自己看起来自然不刻意。

还可以对着墙壁演讲，这跟对着镜子是完全相反的做法，也有其意义所在：对着墙壁演讲可以使我们集中注意力，有助于弄清那些内容不妥的部分，对演讲稿内容进行充分地体会和理解，可以反复推敲用词和表达语气，把演讲打磨得更加饱满。

演讲没有捷径，唯熟能生巧。里面有很多感悟需要我们自己在不断地排练和实践中摸索，只有执着而频繁地排练才能让你对演讲中的每一个细节熟悉，将演讲与时间完美结合，才能达到最佳演讲效果。

决定成败的结束语

俗话说:"编框编篓,重在收口。"不要用一种"终于结束了"的心态对待演讲,事实上,演讲的结尾和开头一样重要。好的结尾并不只是对主题的重申,更多的是要制造出余音绕梁的效果。

艺术家李洁林在 TED 上提出一个很大胆的构思:人死后的遗体如果交由蘑菇分解处理,这样会非常环保。因为人体内含有大量的毒素,即便是火化,这些毒素也会飘散到大气中。

李洁林说:"这是一种新型杂交蘑菇,它能够分解尸体,清除毒素,并将养分输送给植物的根系,只留下无害的降解物,可惜我后来得知创造出这样的蘑菇是不可能的。好在一些最可口的蘑菇能够清洁土壤中的毒素,我就想我能够训练一支清除毒素的食用蘑菇军团,来吃掉我的遗体。"

随后,李洁林展示了她设计的蘑菇寿衣,不过还处在研发阶段。

最后,她说道:"摒弃对死亡的否认或对人体进行防腐处理……有句话说得好:'我们来于尘土,归于尘土。'一旦明白了我们与环境的紧密相关,我们就能够明白人类的存亡取决于地球的存亡,我相信这是对环境切实负责的第一步。感谢大家。"

这是一种升华结尾的演讲,李洁林从人体内的毒素污染环境讲起，讲到蘑菇寿衣，最后在结尾升华到环境与地球的关系，让人从关注尸体的处理，开始关注和思考环境问题。

除了升华式结尾，演讲的精彩结尾还有不同的类型。

总结式

在演讲结尾对主题进行再次重申，加深观众的印象。但要记住不要简单地重复，而应增加一些新的观点和元素，从而形成一个具有真正意义的总结。

比如，林肯在他的就职演说中说："我们很高兴地盼望，我们很诚挚地祈祷，这场战争的大灾祸将很快成为过去。我们必须说出三千年来相同的那句话：'上帝的裁判是真实而公正的。'"

林肯在最后说道："不对任何人怀有敌意，对所有人都心存慈悲，坚守正义的阵营，上帝指引我们看见正义，让我们努力完成我们目前正在进行的任务，治疗这个国家的创伤，照顾为国捐躯的战士们，照顾他们的寡妇及孤儿，我们要尽我们一切的责任，以达成在我们之间的一项公正永久的和平，并推广至全世界各国。"

林肯的这次演讲是就职演讲，所以他是要给美国人希望和信心的，他说出了几项实际性的措施，如"治疗国家的创伤""安葬烈士以及照顾他们的妻儿"等，结尾清晰有力，让人信心大增。

故事式

我们都知道开场的故事很容易吸引人的注意力，同样，结尾的故事也一样会让人意犹未尽。演讲者可以利用故事的含义，升华演讲的主题。要注意故事跟主题相关，短短的小趣事，让人开怀大笑之余，又能对你的观点印象深刻。

号召式

在TED演讲《运动，对你的大脑具有变革意义》中，神经学家温蒂·铃木在最后伸展双臂邀请大家站起来，"我们一起来做一个一分钟的运动"。在温蒂·铃木的号召下，大家纷纷站起来，伴着音乐，跟随她的口号，大家在摆臂、扭动，呼喊，现场一片激情澎湃，让人印象深刻。

你已经告诉你的观众你希望得到他们怎样的回应。现在你要做的就是让他们兴奋起来，用行动对你的号召做出呼应。只要你增强自己的语气"现在，让我们大家做好准备，投入到活动中吧！"即可。

幽默式

在多种多样的演讲结束语中，幽默式可算其中最有情趣的一种。一个演讲者能在结束时，不仅赢得掌声，更赢得笑声，是演讲圆满结束的标志。

我国著名作家老舍先生在一次演讲中，开头表示要"给大家谈六个问题"。等他有条不紊地谈完第五个问题，发现时间差不多了，就提高嗓门，一本正经地说："第六，散会。"观众一愣，然后便欢快地鼓起掌来。

每种结尾的方法可以单独使用，也可以配合起来使用。总之要避免结尾时草草收场，好似要匆匆离开一样。